笑いの手品師

老人ホームが笑顔でつつまれた手品実践記

ジミー重岡

花伝社

まえがき

手品を二八年間演じてきました。平均して一カ月に二～三回の披露になります。多くは口コミによる依頼でした。知り合いの町内会長さんから頼まれ、自治会で公演させていただくと、同席していた他地区の方から声がかかり、後日演じました。その後も数か所で披露させてもらいました。また、知人の親が入居している介護施設に、私のことを紹介してくれて、公演に行きました。その施設の紹介で、他の施設を回ることになりました。その公演を見に来た地元の方から、婦人会での公演を頼まれたり、保育問題でご一緒した方から、病院での披露を頼まれました。学校や結婚式にも呼ばれました。

演じる際には、見る方に笑顔が出るように努めています。三〇分演じると一〇回は笑いが起きます。いろんな分野の方々に手品を見てもらって来ましたが、私ができる社会貢献の中心は、介護施設（グループホーム・デイケア）での披露であると思います。私が講師をしていた公民館の手品教室に通っていた方々は、私が退いた後も大変な努力をして、教室を続けてくれています。公民館まつりでは、テーブル・マジックショーを開いています。小学生がたくさん見学に来ます。

ひきこもりがちだった小・中学生が、友だちに手品を披露した結果、人気者になり、元気で登校するようになりました。人は他人から必要とされた時、認められた時に、生き甲斐を見出します。口数が少なくても手品の演技はできます。コミュニケーションの主役としても、手品は役に立つと思います。

現在は数名のお弟子さんに、お教えしています。お弟子さんと分担して介護施設等に行くことができればと、考えています。人間関係が円滑になるよう、手段としての手品を活用してもらう。高齢社会が訪れた今、この本が会話の潤滑油になればと思います。

二〇一七年一〇月

ジミー重岡

笑いの手品師——老人ホームが笑顔でつつまれた手品実践記◆もくじ

第4章　認知症の方のために　108

第1章　笑いの手品師、誕生！

手品歴と対象

手品を二八年披露してきました（二〇一七年）。回数は九百回を越えました。学校・町内会・女性会・政党後援会・結婚披露宴・介護施設・労働組合・病院・サークルなど、依頼を受けた層はさまざまです。数人ほどの集まりもあります。その方々の立ち位置に関係なく、日程があえば断らずに演じてきました。

私の披露する手品は、大部分が会話中心です。手品演技の時間はそのうちの四割ほどです。今までの公演は四〇分が多く、最長で一〇〇分でした。

観客層によって、演技と時間を変えます。老人ホームや介護施設では三〇分を目安にしていますが、職員さんにその都度、延長の是非を確認してもらい、実施してきました。

終了後には「他の催しものではいつも寝てしまう入所者さんが、最後まで楽しんでいた」という感想を、職員からお聞きすることができて、毎回手ごたえを感じています。技の披露よりも、楽しかった・おもしろかったと言ってもらえることに重点をおいて演じてきました。

県内外でマジックショーがあると出かけて行き、テレビ番組は録画して繰り返し見てきました。手品の本は約一四〇冊読みました。その中には江戸時代の手妻（手が稲妻ほど速く動く意味だそうです）を解説した本もありました。プロマジシャンにも習いました。カードを華麗にさばくためには「手の平に汗が自在に出るよう練習を」とか「カードに〝蠟《ろう》〟を均等に塗るとよい」など、思いもかけないアドバイスを受けました。

プロがおこなうマジックについては、プロは基本的に種明かしをしませんから、どのように演じているかはわかりません。でもこの三〇年ほどで見たプロマジシャンの演技のいくつかは、私なりのやり方で似た現象を起こせるというところまで、練習をしました。

手品の認知症予防効果

手品を披露してきて強く感じることがあります。

認知症の人に、手品は効果があるという実体験です。

認知症は基本的には治ることがないそうです。ただ薬で進行を遅らせることはできるといいます。けん玉、ジャグリングなども認知症の進行を止めるのには良いと言われてきました。これらに共通するのは、手・足・体・脳のふだん動かさない部分を動かすということです。これが健康に良いということです。健康の観点から手品について思うのは、技がすごいだけではダメだということでした。

心身ともに健康な人に見てもらう手品は、熟練の技だけで感動を呼びます。手の平に乗せた五〇〇円玉が、親指を少し人差し指の方に動かしただけで、引力に逆らって三十数センチメートルも真上へ飛びあがる技があります。ありえない現象です。手品の不思議を見に来ている人にとっては、感動する技です。

私も感動して、この技の練習をしました。プロマジシャンに教えを乞いました。「繰り返し練習するしかない」という答えでした。やがて真横に二〇センチほど飛びましたが、真上には数センチしか飛びませんでした。これでは飛んだとはいえません。結局手の平にタコをつくることができず、あきらめました。

この技は世界選手権大会が開かれるほどの、すごいものだそうです。しかし認知症の人にこれを披露しても、それほど効果がないようです。それは難易度が高すぎることと派手さがない。また「一緒にやりましょう」というものではないからと、思われます。「すごい技だが、自分にもできそうだ」という手品のほうが、観客の主体的な行動に発展するようです。

今までの演技では、たとえば輪ゴム二本の指間移動とロープの腕抜けは、私が披露したあとに、皆さんの中で教え合いが始まりました。すぐできた人が、まだの人に教えるのです。とても認知症があるようには見えなくなる瞬間です。できた時には、周囲から自然に拍手がおきます。私も積極的に称えます。

笑顔になるための手品本を

この本を書こうと思ったのは、次の理由からです。

「普通に日常生活を送っている人を対象にしたマジック本」は、多くあります。「すごい技を紹介した本」や「すぐできるマジックの本」が中心です。「観客の心理を読み、マジックをより楽しんでもらう分析本」があります。「エジプト時代以降のマジックの歴史本」もあります。

どの本も、技の解説と用語の説明が載っています。ほとんどの本が、図による説明もしています。この本に出てくる手品についても、やってみたいという方がいると思います。そのため当初は、簡単な図の挿入を考えました。

でも、この本の主目的は、笑顔になる（笑ってもらう）という点にあります。輪ゴムの手品をおこないたければ、他の本に分解図があります。それを参照してもらえば、この本で演じている手品はすべてわかります。私が読んだ本の多くは、広島県と山口県の公立図書館から借りました。県外に行ったらその土地の図書館に行き、初めて見た手品を書き写しました。

落語の笑いが身体の免疫力をアップさせるのではないかというので、がん患者を観客にした研究が始まったそうです。桂文枝さんなどの一流落語家が、医療専門家と協力して、長期の取り組みを開始したそうです。

私は笑いの延長線上に、手品を披露するという形にしたいと思いました。脳の認知機能は低下しているが認知症になっていない（＝軽度認知障害：ＭＩＣというそうです）、この状態を放っておくと、数年後には半数が認知症になるそうです。「もの忘れがふえた」と自覚できる状態が、ＭＩＣだそうです。放置すると軽度（同じものを何回も買う）↓中度（自宅周辺で迷子になる）↓高度（家族を認識できない）と、常に介護が必要なところまで行ってしまいます。進行を遅らせる一手段として、手品は役に立つという研究があるそうです。

手品に関心を持って以来、笑ってもらえるフレーズを集め、考えてきました。それを文字にしておけば、気持ちを同じくする人に活用してもらえるのではないかと思いました。手品披露の時でなくても、講演・公演・歌による慰問の合間に、笑ってもらうためのセリフを挟めば、観客に楽しんでもらえると思います。この本がその一助になれば良いと考えています。

出だしで気持ちをつかむ

手品には、言った方が良い言葉、使わない方が良い言葉があります。たとえば、多くの人が会話の中で言う「あのー」は、言わない方が良い言葉です。「えー」も、できれば避けた方が良いですが、まだこれは容認できます。次の言葉がすぐ出ない時に言ってしまう「あのー」は、手品の演技には不向きで耳障りです。また、演技に不慣れな印象を観客に与えます。

また、楽しかったと思ってもらえる展開が必要です。観客に不愉快な感じを抱かせたらいけません。観客にお手伝いを頼み、差し出されたその手にものを置く寸前で「あなたに渡すのはやめた」という態度をとるマジシャンがいました。多少の恥ずかしさと緊張に耐えて、観客は手伝ってくれるのですから、これはよくありません。

事前に台本をつくり充分練習した上で、本番に臨みます。

ゆっくりで良いですから言葉はよどみなく出すようにします。大部分のマジシャンは

「あのー」を言いません。私が教わったマジシャンの中の一人は、時折これを言っていましたが、演目は少ない方でした。

短い言葉で言うと、観客にはよく伝わります。「……です」「……ます」で区切ると聞きやすくなります。「では今から輪ゴムを配りますが、これを色違いで二本とってもらいたいのでどなたか配るのを手伝ってもらえませんか」は、区切って言うようにします。続けて言うと観客・職員は〝輪ゴム〟〝色違いで二本〟〝手伝い〟を、同時に理解（対応）する必要に迫られるからです。

「今から輪ゴムを配ります」「二本をとって下さい」「配る人を募集します」と分けて言うと、今からすることが時系列でわかります。「自分は配る人に対応（応募）したくない」と思えば、前の二つにだけ反応すればよいことになります。話術が巧みな人（政治家・司会業など）は、言葉を短く切る「キャッチフレーズ的使用」をおこなっています。

その他にも、手品の説明途中で「上からハンカチをかぶせました。いいですか」と観客を見て言うのは〝上から目線〟的になります。「……かぶせました。よろしいでしょうか」と言うのが好ましい。観客席に向かい「いいですか」という人は、意外と多い。

高齢マジシャンが使うと、聞き流して良いような場合もありますが、若い人は使わない方が無難でしょう。手品を楽しんでもらうはずが、言葉で観客との距離を広げるのは、お互い不本意だからです。

マジックのすごさはもちろん、話術でも学ぶことが多い岩手県出身の世界的プロマジシャンは、私より二〇歳ほど若い男性ですが、さらに若い人たちへのマジック披露時に「よろしいでしょうか」と声をかけています。その人柄にも私は多くの影響を受けました。

仕掛ける観客にその都度「(私がおこなったここまでは)だいじょうぶですか」と聞くのも、不自然な使い方です。すごい技が繰り出されていない段階では「ここまでは、よろしいでしょうか」が良いです。

テレビでニュースを語るアナウンサーは、事件であっても笑った形の口元で原稿読みをしています。その方が声に張りが出て聞き取りやすく、視聴者に与える印象が良い。手品は笑顔ではっきりと、自信を持って演じるとうまくいくし、楽しんでもらえます。「自信を持って楽しく振舞う」が手品をおこなう基本とされているのも、そのためです。おどおどしていては、見るほうが不安になります。

公演を始めた頃のこと

失敗しないだろうか。観客の方が、手品が上手だったら……。つまらないと言われたらどうしよう。公演日が近づくと、マイナスのことばかりが脳裏をかすめました。その時に支えになったのが、〝自信を持って笑顔で〟と書かれた一流マジシャンの本でした。今まで読んだ多くの本には、異口同音にそう記してありました。

初めて立った舞台では、温かい拍手をもらいました。楽しみたいという雰囲気にあふれていました。たちまち落ち着き、無事に終えることができました。開始の一〇分前までトイレに数回行ったことが、うそのようでした。

それから一〇年ほど経ち、判ってきました。手品が巧みな人は、私の演技に口を挟まないということでした。凄腕の人は、マナーとして演者を盛りたてる。中途半端にできる人が、口出しするという事実でした。

毎年数回、民間の手品クラブの演技を見る機会があります。その日のハイライトは、空中に投げたトランプ数十枚の中に剣を突き上げて、予定していた一枚を剣先で突きさすという演技でした。

トランプが早く落ち過ぎて、角度によっては客席から剣の仕掛けが見えてしまいました。それでも常連の観客たちは、温かい拍手を送っていました。クラブが存続できているのは、客席との一体感にあると感じた出来事でした。

台本をつくる

当日演ずる種目・言葉・時間配分の台本を、毎回つくります。大きい声でリハーサルをします。最重視するのは間の取り方です。約二〇〇種が披露可能な道具が入ったカバンから、当日演じる種目だけを分離させて入れます。開始の前にこれを演台に並べます。演じるものがこれで間違いなくおこなえます。一時間だと、約二〇種類の手品披露になります。当日はのど飴と、のどスプレーを持参。開始前に使用します。咳やくしゃみが出ないよう、注意します。出そうになったら、中指と人差し指の先で鼻の下（唇の上にある溝）を押さえると、不思議と止まります。

すご技だけを見に来た人たちなら、淡々と演じても観客が雰囲気をつくってくれます。

約200種が披露可能な道具が入ったカバン

テレビでのマジックはそれに該当します。マイクで演者の声を拾いますから、普通に話しても成り立ちます。俳優や芸人が客なら、この人たちが驚いたり上手なコメントを発してくれて、場が盛り上がります。ホールの場合も大型スクリーンに手元が映せますから、臨場感があります。楽しむために来ている観客も、協力的対応をしてくれるでしょう。

手品をツールにして会話や雰囲気を楽しんでもらうのが、私の演じ方です。そのためには演じる側の覇気がなければ、楽しんでもらえません。自信を持って笑顔ではっきり発音する必要があります。話術がいります。日本語は最後まで聞かないと、肯定か否定かわかりません。「見ましたけれども別のところに……」「着きましたがその先の……」など、延々と言葉をつないでいくと、聞く側は理解するのに疲れます。

わかりやすい配列

親しんできた社会科の教科書を、例にとります。たとえば次のような単元を紹介するとします。

「今日、世界のグローバル化がますます進んでいて、国境を越える経済活動がさかんになり、情報はインターネットや衛星放送などで世界中を瞬時に移動していますが、環境・資源・食料・感染症などの問題は一国だけで解決するのは、平和問題を取り上げても地球温暖化を考えても、海面上昇・農作物の不作などの深刻な事態に関しても、その原因の二酸化炭素などの温室効果ガスの排出削減に向けた国際的なとりくみが欠かせません」

言いたいことは判ります。全体を通した内容は環境問題です。語る側はよく分かっています。しかし聞く側は、ポイントを絞りづらい。理由は複数の問題をつないで、並列的に語ったからです。言葉を切るだけで、判り易くなります。

「今日、世界のグローバル化がますます進んでいます。国境を越える経済活動がさかんになり、情報はインターネットや衛星放送などで世界中を瞬時に移動しています。環境・資源・食料・感染症などの問題は一国だけでは解決できません。平和問題を取り上げても地球温暖化を考えても、海面上昇・農作物の不作などの深刻な事態も同様です。その原因になる二酸化炭素などの温室効果ガスの排出削減に向けた、国際的なとりくみが欠かせません」

実際の教科書の文章です。文章は短く切ってあり、理解しやすくなっています。前置き、状況説明、結論がうまく配置されています。

これで前置きがどこかわかります。主要テーマはその後に来ることがわかります。まだ短くした方がよい箇所がありますが、だいぶ聞きやすくなりました。

演説が上手な人の言葉は、ワンセンテンスが短い。私はこれを心がけています。三九年、教職にありましたので、生徒に伝わる話し方を工夫してきました。

話術に関して私が尊敬するのは、漫才師の夢路いとし・喜味こいし（いずれも故人）の御二人です。

この漫才を若手がやったら、多分おもしろくないでしょう。間のとりかたにあわせ、観客の反応を感じ取り、その場で言い方を変える。熟練の技をすごく感じました。

大道芸のセリフも参考になりました。たとえばバナナのたたき売りでの言い回しです。「なにしろたった一本のバナナに、なんとバナナ一本分の栄養がごっそり詰まっている」と言われたら、バナナがおいしそうに思えます。手品の演技にも充分活用させてもらっています。

次に各所で演じる時に使ってきた台本を、記したいと思います。

演技の流れ（一）～介護施設で

公演依頼を受けた時、責任者から「出席が十数名です。少なくてすみません」とよく言われます。私がおこなう演技の多くは、テーブルマジックです。握手する距離で見てもらうものです。数人とお話をしながら演じる方が、より楽しんでもらえます。

でも依頼する側は、ステージマジックのイメージで頼んできます。

今までで、もっとも多かったのは、観客一四〇人の舞台でした。そこで日程を打ち合わせる際に〝出席者の人数は少なくてもよい〟と言うようにしています。「本日はちょうど良い人数です。五人多いとやりにくい。五人少ないと、まだだめでした」と開始時に言えば、手品師が参加者の数に納得していると、判ってもらえます。

ある日は三〇名ほどが観客（ゲスト）でした。対象は認知症の方です。七〇～九〇歳代のみなさんです。二〇～六〇歳代の職員数名が、サポートをしています。難聴の方がいるかを、職員にお聞きします。いるときはより大きい声で演じます。いつものように、開始前に手品道具を並べます。最長九〇分（六〇種）を演じることができる道具です。でも今日の観客にとって、基本は三〇分までです。長いと観客に疲れが出ます。

私はシルクハットに上下黒服です。この服装で登場しただけで、観客や職員から「おーっ！」という声が上がります。技が未熟で、出し物が三〇〇種ほどしかない私にとって、手品モードになってもらうための衣装はとても大切です。

一度呼ばれたことがある施設では、顔見知りになった職員にお願いをして、カラオケから入るようにしています。かつて声楽を習っていたので、これが役に立ちました。でも観客の皆さんが歌うのは、演歌と童謡です。数十年前の流行歌などを、振付を交えて職員と二人で演じます。観客から自然に手拍子が起きます。皆さんが知っている歌ですから、これだけで良い雰囲気になります。

私の名刺には「うたえる手品師」と記してあります。認知症の方は施設でカラオケを歌う時間があり、これとマッチしています。歌う際には「町内会で、一〇〇本の指に入る歌い手」と自己紹介します。歌い終わったら「自分の歌に酔うことがあります。そこで今朝、酔い止めを飲んできました。ちゃんと歌えました。薬が効いたのだと思います」と、根拠のないシメを言います。

認知症の方への態度とは

認知症に関する講習会で習ったこと（四点）を思い出しながら、進めていきます。それは〝優しい言葉使い〟〝発言に耳を傾け肯定する〟〝恥をかかせない〟〝説得しない〟です。

私は小一時間演じれば終了ですが、毎日関わっている職員の皆さんの苦労に、尊敬の気持ちを持ちながら披露していきます。

　私の演技途中で急に立ち上がり、私の周りをゆっくり歩く認知症の方もいます。職員が近づき、耳元で優しく話しかけました。この方は元の席に戻りました。その間は演技を止めます。全員で流れを共有します。

「たいした技もないのに、呼んでいただいてありがとうございます」と言うと、うなずく人が必ずいます。そこで「今うなずくのは、やめてくださいね」と頼みます。笑いが起きます。

　一瞬、歌詞を忘れてしまったらお詫びをしますが、名刺には〝うろたえる手品師〟と書いたものも用意しているので、職員に示して笑ってもらいます。

「歌が上手い」との褒め言葉があったら、お礼を言い「私を超える人は、今週中は現れないと思います」と自己評価をします。

　なにか楽しそうだという空気に、これで持っていけました。手品を一緒に楽しむためのグッズとして、カラー輪ゴム・ティッシュ・たて二か所に切れ目の入った名刺サイズの紙を、事前に全員に配ります。職員の中からアシスタント（助手）一名をお願いします。施設長が若手を指名してくれるので、これはその場ですぐ決まります。入所者が一斉に食事をする広いロビーが、会場になります。

出だしの大事さ

司会の方が、開始を告げます。「今日は手品です。皆さん楽しみましょう。ではお願いします」。私は小走りで机の前に立ちます。「皆さん。こんにちは。初めての方、はじめまして。笑いあり、感動なしの手品をお楽しみください」。

職員の笑いが起きます。つられて観客の笑いがあります。耳の遠い方もいます。大きい声ではっきりと言います。そのため、前日まで発声練習をしてきました。CDに合わせ、大声で約一時間歌います。マイクなしで九〇分演じることもありますから、のどスプレーはズボンのポケットに入れておきます。

学校でひとコマ五〇分の授業を一日四時間。これを四〇年近くおこなってきました。おかげで声の出し方は、自然に身についてきました。その時の発声を思い出しながらの公演です。

私は、親の転勤に伴い、小学校から中学校にかけて学期途中の転校が何回かありました。教室の前で自己紹介をさせられることが、よくありました。クラスではすでに友人関係が固まっています。そこへ割り込んで、友だちをつくらなければなりません。

大勢の前で話すことと、自分を押しだすことは、学校生活を楽しいものにするためには必須条件でした。いやな思いをすることのほうが多かった。でもまた転校しますから、すぐに忘れました。この体験は、教員になって生かされました。人前に立つのが苦にならなくなりました。

「ではティッシュを使った手品を、ご一緒にしたいと思います。ティッシュは二枚がセットになっています。はずしてみてください」

なかなか二枚にはなりません。でも指を動かして剥がそうとするので、これだけでよい運動になります。

ティッシュは長方形になっています。ふつう短い辺の方だけあいています。ここを親指と人差し指でつまみ、指を前後にずらすと空間ができて簡単にはずせるのですが、それが目的ではないので、ゆっくりやってもらいます。はずせたら、「すごい。できましたね。簡単なようでこれは難しいんですよ。私も早くはずせるよう、練習しました」と言います。遅い観客には、職員が傍でサポートしてくれます。やがて全員ができました。

「皆さん、早いです。今まで寄せてもらった施設の中で一番です。ふだん動かさない指の動きをされましたね。これで健康寿命が二日伸びました」。観客から笑顔が浮かびます。「良かったね」と観客の肩を抱く職員の声が聞こえます。「はずし方があります」と言って前記の方法を説明します。「本当だ。できた。簡単！」という声が上がります。「すごく喜んでもらえたようです。私も嬉しいです。もう満足です。今日はこれで終わりにします」。

テイッシュを使った手品です。テイッシュは２枚が重ねてあります。それを１枚ずつにしてもらいます。すぐできる方もいます。ゆっくりでも良いので、外してもらうことが、指や脳の運動になります。全員が終わったところで、写真のようにテイッシュは短い辺は空いていることを示します。ここをずらせば簡単にはずせます。

笑いと「なんでやー」という声が出て、別の意味で場が盛り上がります。「実は数ある施設の中で、ここが私が一番来たかったところです。夢にまで見ました」。ウソだという顔をしながら、あわせて笑顔になってくれます。

そこで健康寿命四七都道府県別ランキングを言います。「厚生労働省が発表した二〇一五年の一位は山梨（男・女）、二位沖縄（男）と静岡（女）。広島は三三位（男）、四六位（女）

です。女性のみなさん、大変です。今日、手品をやってせめて男性の順位になってください」（この年の女性四六位の広島のほうが、男性一位の山梨より健康寿命は上ですが、指を動かしたら寿命が二日伸びるという説明を信じている人はいませんから、この事実には触れません）。

基本は笑ってもらうこと

あらためてティッシュの手品を披露します。

手の中に丸めたティッシュが、秘密の粉をかけたら消えるのですが「ポケットにあった秘密の粉を取り、パラパラッとティッシュ側にかけました。粉が見えましたか」。「見えない」という声があがります。粉はもともとないので、見えないのが正しいです。それでこう言います。「本当にかけました。正直な人は、粉が見えます。見えた方はいますか」。

「見えない」という小さい声と「見えた」という大きな声が、観客から出ます。職員は笑っています。そこでこう言います。

「秘密の粉ですから見えません。でもポケットにはごみがありましたので、それが粉のように見えたのかもしれません。ちなみに私は見えませんでした。正直者ではないのです」。

安心したような雰囲気が、会場に流れます。「私は皆さんをだますために、来ました。私が一番ウソつきなのです。でも被害者はゼロですから、楽しくだまされてくださいね」。あらためて自己紹介をします。「時折見せる笑顔が印象的な手品師、ジミー重岡の次の演技を、お楽しみください」。あきれたような空気が会場に流れますが、気にせず手品を続けます。

観客にも同じような動作をしてもらいますが、みなさんできません。その後、タネ明かしをします。もう一枚のティッシュで一緒にやり、全員できるようになりました。「このティッシュは最後にまた使います。丸めて捨てないでくださいね」とお願いします。ティッシュ手品がウケたら、破ったティッシュが元に戻る演技もします。単純な技でも、充分楽しみモードに入ってくれます。

二〇一七年、西区での集まりに呼ばれたことがありました。演技の途中で言います。「初めてこの地に呼ばれましたが、こちらは○○市西区《とり》ですね」。

〝西区ですよ〟という声が聞こえます。

「そうですか。西と酉という字が似ていたので、間違えました。ところで今年二〇一七年は酉年です。では今年だけできる技を披露いたします。かなり練習しました。両手を使い、鳩の鳴き声に似た音を出します」。

皆さんは、集中しています。握った両手の間に手首側から息を吹きいれます。するとやがて、〝ホーホー〟という大きい音が、部屋中に鳴り響きます。拍手が起きました。

「すごい」という人もいます。

「誰でもできるもんじゃないよ」の評価も聞こえました。

そこで言います。「誰でもできます」。

鹿の角でつくった小さい笛を、手の中から出します。笑いが起きます。「いつ手に持ったのか」という声もあります。

判らないようにパーム（手の平に隠す）するのが多少むずかしいだけで、意外と喜んでくれます。ただこの技は、次回は一二年後の二〇二九年に西区でおこなう時にだけ使えるので、気の長い出し物です。

身内の話

つれあいの都合がつくときは、助手になってもらうことがあります。ある施設で歌った後、観客から「夫婦で歌ってみて！」という声が、あがりました。

私は「一緒に歌いたいのですが、かみさんは一〇〇年に一人現れるかどうかという音痴ですから、こらえてください」といって、了解してもらいました（妻は本当に音痴です）。

つれあいのイメージが悪くなったと感じたら、私のことも言います。「私は今までチャンスをピンチに変えてきました。それでも生きていけます。音痴は生活に支障はありません」。

つれあいのことを、細かく聞く人がいます。その時は「ここにいる戸籍上の妻のことですか？　私は一般女性と結婚したので、情報提供は勘弁して下さい」と力説します。

芸能人が、一般女性（男性）と結婚する場合は、詳細をマスコミには明かしません。

つまり私が〝有名人〟であることを、暗にほのめかしたので、そのギャップが笑いを呼びました。〝戸籍上の妻以外にも誰かいるのか〟という声にはスルーします。

多少の情報提供をした方がよければ、出会った時のことに触れます。「つれあいを初めて見た時、この人といっしょになるかもしれないと、思いました。当時の彼女は今ほどは痩せてはいませんでした。ご存じのとおり、このようなことを、ふとめぼれと言います」。

〝そんな言葉があるのか〟という反応ですが、解説をせずに次へ行きます。

皆さんの反応がよかったら、手元にあるティッシュ箱を立てます。そして「はこだて！」と言います。もとに倒して「はこね！」。つまらないギャグと思っても職員は笑ってくれます。楽しもうと思って、同席して下さっているからです。観客もつられて笑顔になりますが、意味が判らなくても良いので、これも説明をせずに次の演技に移ります。

次は輪ゴムです。色が違う輪ゴムを計三本使います。これは手首の回転運動になります。すぐできる観客がいます。その人が、まだできない人に教える場面が、必ず見られます。観客同士または職員との間でコミュニケーションが図れる、とても良い手品です。

みなさんが会話をしている間は様子を見ますが、全員の終了まで数分かかることもあ

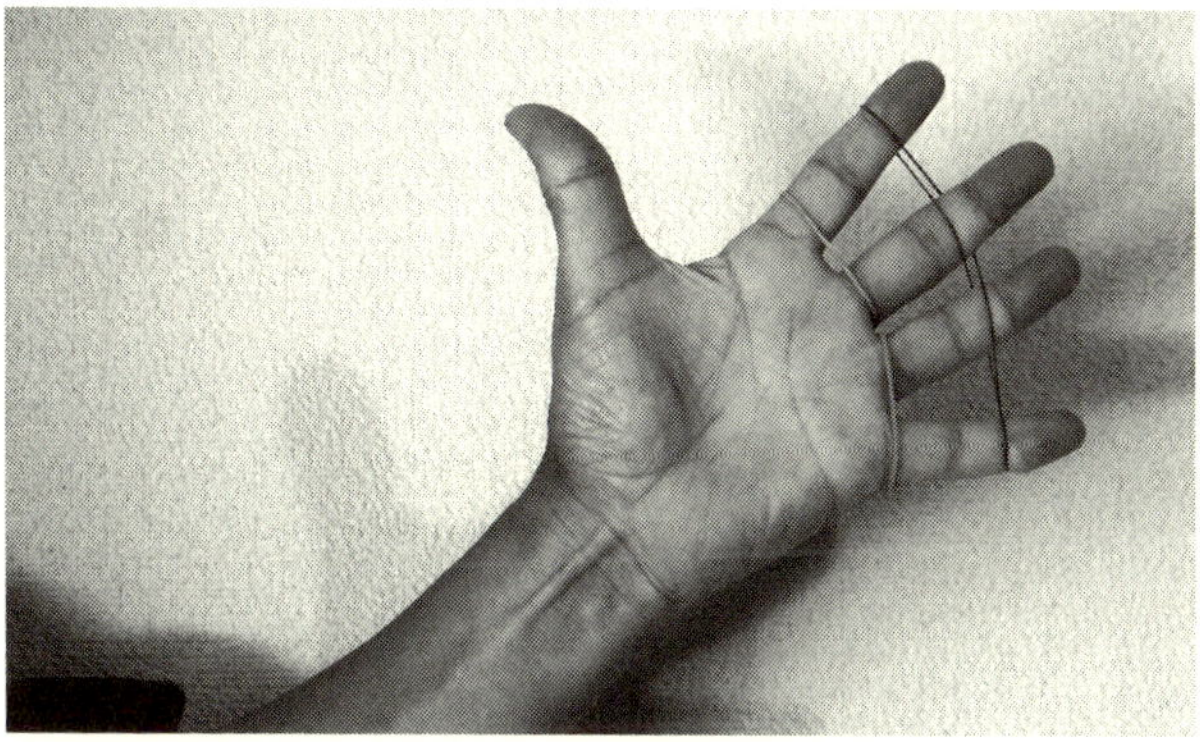

３色の輪ゴムを皆さんに配ります。１本ずつを使い最後に写真のように３本でおこないます。普段使わない指の動きをするので、健康に良い。子どもや孫に披露したいという声が、参加者からあがります。

ります。でも時間がかかっただけ、職員と観客とのつながりが深まります。私は待ちに徹します。

“ジミー”のいわれ

タイミングを見て、自己紹介をします。「では自己紹介をします。皆さんがご存知のカタカナ名のマジシャンには、ゼンジー北京にミスターマリック、マギー司郎さんなどがいます。その他カタカナ名で皆さんの年代で知っているのは、フランク永井、ペギー葉山さんなどでしょうか。私はジミー重岡と言います。元々性格が地味なので、そう名付けました」。歌手の名前は手品と無関係ですが、あわせて紹介すると笑いが起きます。

「でも皆さん、この手品が終わったら私の名前は忘れていますよね。皆さんが〝楽しかった〟という記憶を持って帰ってもらうだけで、私は十分です。私がどれほど謙虚かこれでお分かりだと思います」。うなずく顔が見えます。もう私の名を忘れたようです。

ジミーというカタカナの名前を言ったら「日本の方ですか?」と聞かれたことがあります。「そうです。顔が日本人離れしているから、そう思ったのですか? 実はハーフです。父は愛媛県、母は鳥取県生まれなので、愛媛と鳥取のハーフです」。

〝やっぱりそうなのか〟という反応が自然に見られるので、不思議です。

真剣に聞いてくれている雰囲気になったので、「日本人離れをした顔といわれたことがありますが、一番似ているのがイースター島にいるモアイ像だそうです」と言います。あちこちで頷く顔が見えます。これを紹介したら演技が終わった後の雑談で〝人間離れした顔だ〟と言われたことがありました。その方は多分〝人間離れした技〟と言いたかったのだと思い、聞き流しました。

「みなさんは手品師(マジシャン)を、身近に見たことがありますか?」と聞くと、〝ない〟という声が聞こえます。

「そうですよね。あそこの縁側で日向ぼっこしているおじいさんは、マジシャンです。

カバンを持って下校してきたあの高校生も、マジシャンですというようなことは、日常そうありませんよね」と言って、ナマで手品師を見るのは稀有であることを言います。

そして続けます。「滅多に見ないので、私にサインや握手を求める方がおられますが、必ず事務所を通してください」。

有名芸能人のようなセリフに、失笑がもれます。これが少々ウケたら「日を改めて、握手会とサイン会をおこないます」と告げます。職員を含めて苦笑する人が多いので「雰囲気としては、どちらもやらない方が良いみたいですね」と自分で引き取り、話題を変えます。

拍手をする方もいます。「拍手をありがとうございます。でもどうぞ、お好きなときに拍手をしてください」。また笑いがあります。

このあと、観客から質問が出ることがあります。マジックネームを述べただけなので「住所や職業が知りたい」などです。

そこで「自己紹介がまだでした。した方が良いですね」と、観客に聞きます。私に関しての情報は名前以外ありませんから、自己紹介をすることに賛同の声が出ます。

そこで言います。「わかりました。いったい何者か、判らないと多少の不安がありますよね」。うなずく顔が見えたところで「ではやりましょうか。窓側の前の方から順にどうぞ」。

まさか出席者が自己紹介をするとは思っていません。全員がおこなったら、公演時間はなくなります。どんな講演・演劇の場でも、観客に自己紹介を促すことはありません。窓側の善良そうな人は、〝どうしようか〟とうろたえています。会場から明るいブーイングが聞こえたところで、お詫びして私だけ自己紹介をしました。

質問への返し

現在の雰囲気を楽しんでもらいたいので、公演の場で元の職業や年齢は言わないようにしています。でも「いくつですか?」と聞かれたことがあります。

その時にはこう答えることにしています。「いくつかとの質問ですが……四八です」。質問者は怪訝《けげん》な顔をしています。そこで「見慣れないシルクハットのサイズを、お尋ねになったのじゃないですか?」。

笑いが起きて次の演技に移ることができます。ある会場では、ご近所から見学者が来ていました。六〇歳代の方から「何歳ですか」と聞かれました。「年齢ですか。はい、それはCMのあとで」と答えたので、笑いが起きました。その後はすぐ手品展開に移ることができました。

手品へのお願い

輪ゴムの手品も終わりました。「皆さん。できましたね。でもこの手品をお子さんに見せるときは、一回だけにしてください。二回やるとタネがわかって不思議さがなくなります」。

切れ目が入った紙は、そのままにして次へ移ります。終わりの演技がすんだ時に、観客から「これはどうするの?」という声が出ることがあります。「すみません。それが残っていましたね。まったく忘れていました。よく気がつかれましたね。すごいです。アンコールと考えてよろしいでしょうか」と言い、これを最後の演技にします。

誰も気がつかなければそのままにするところですが、職員から必ず声がかかるので、披露することができます。

「これができた方は、ポイント二倍です。なんのポイントか判りませんが」と呼びかけます。特定の日に買い物をしたら、ポイントがつく経験は、どなたもしていますから、なんとなく良いことがありそうに思い、さらに一生懸命取り組んでくれます。

この切れ目が入った紙は、両端を引っ張って三枚に千切ってもらうのですが、普通にやってはできません。二回目で成功させようとする観客の手を見て、私が不正なやり方で成功させるのですが、そこで観客に言います。

「私がやりますが、そんなやり方なら誰でもできるよといって、怒って机やイスを投げないでください」。

これには主に職員が笑います。机を投げる力は、観客のどなたにもないからです。私がタネ明かしをしたら、全員が笑ってくれます。

「よかった。笑ってもらえた。安心しました」といいます。さっそく同じようにやってみる観客がいます。軽度でない認知症の方が積極的におこなってくれるので、来た甲斐があったと思う瞬間です。

「この手品は良かったと思ったら、拍手をしたり笑顔になってください」。ここで笑顔になる観客がいます。間を置いて続けます。「つまらない、おもしろくない、と思ったら、鼻で笑ってください」。笑いが起きます。

「みなさん、鼻で笑うことはめったにないでしょうね。練習しましょうか」。まさか鼻で笑う練習など聞いたことがないですから、また笑いが起きます。「皆さんは上品な方ばかりですから、必要ないですね」と言い、演技を続けます。

助手のセンス

つぎはアシスタント（助手）に出てもらいます。手品をしてもらうわけではないので、施設の責任者には〝助手はどなたでも良い〟と告げてあります。活発で協力的な方が選ばれることが多いようです。

その方に尋ねます。「お若いですね。でもいま何歳ですかとはお聞きしません。義務教育年齢は過ぎているように見えますが一〇年前はおいくつでしたか」。笑いが起きます。

「ご安心下さい。掛け算と割り算は得意ですが、私は足し算と引き算が苦手なんです」。ざわめきが起きたところで「突然言われても、年齢は言いづらいですよね。判りました。

ここでのお仕事は何年になりますか」。

〝一五年〟と答えたら「では、一五歳にはなっていますね、生誕一五年越えですか」と言い「お手伝いのために、出ていただいたのでしたね。手品を始めましょう」と告げ、場面転換をします。

「手品といえばトランプですね。でもトランプというと、みなさん違うイメージがあるのじゃないでしょうか」と言って、アメリカ合衆国大統領（ドナルド・ジョン・トランプ）の似顔絵を見せます。観客から「おー！」とか「見たことがある」という声が出ます。

「日本でトランプといえば、これですね」。アメリカ製のトランプを見せます。「ほとんどのプロマジシャンが使うトランプです。一〇〇円ショップで売っているトランプの、一〇倍くらいの値段です。手触りが良いです」。こう言うと皆さんはトランプを、より注視してくれます。

「これは英語を使う国ではカード、またはプレイングカードと言います。トランプは英語では切り札のことです。ではトランプ大統領の前の大統領は、誰だったですかね？」。

〝オバマ〟という名があちこちで出ます。「そうですね。バラク・オバマです。彼が大統領になるときにはキャッチフレーズがありました」。〝イエス・ウイ・キャン〟という声が聞こえます。そこで「よくご存じですね。そうです。彼は言いました。イエス・ウイ・キャン。カミさんチェンジ（とりかえる）！」。何を言い出したのか意味がわからず、ポカンとした雰囲気の会場に向かって「すみません。個人的な思いを言ってしまいました」と詫びます。同じような気持ちを持っている人は、にやっとした表情になります。

手品といえばトランプ

トランプに集中してくれたところで、カードの端を何回かゆっくりはじき、バラバラであることを全員に見てもらいます。希望があれば繰りますが、この時にヒンズー・シャッフルやオーバーハンド・シャッフル、フォールズ・シャッフルなど、繰り方の違いをお話しします。

片手でカードの上下半分ずつを入れ替える技も、見てもらいます。カードを空中で消す（手の甲側へカードを移す）技を見てもらったあと、「皆さん。カードがどこへ行っ

皆さんがよく知っているトランプのくり方を何種類か見てもらった後に「指の練習に片手で繰っています」と言います。笑ってもらうのは大切ですが、手品の技が好きな方もおられます。そこでこのようなものを披露します。１枚目：上下半分に分けます。２枚目：下半分を持ちあげて。３枚目：下を上に重ねます。全部の指をバランス良く動かします。この演技は歓声を戴くことが多いです。

たのかをお見せします。私の後ろへどうぞ来てください。そうだ。今、全員が来なくてもできる方法を思いつきました。私が逆を向けば良いのです。すごい知恵ですね」。
反応はまったくありません。皆さんには私一人が動けば良いと、すぐ理解できるからです。ボケを入れると親近感を持ってくれます。

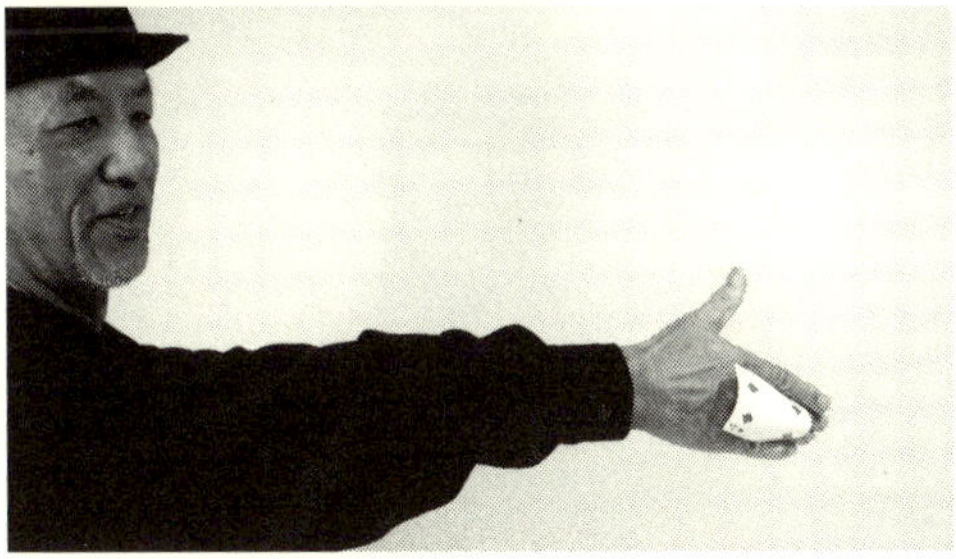

「カードを空中で消す」と言い、手の甲側へ移動させる。

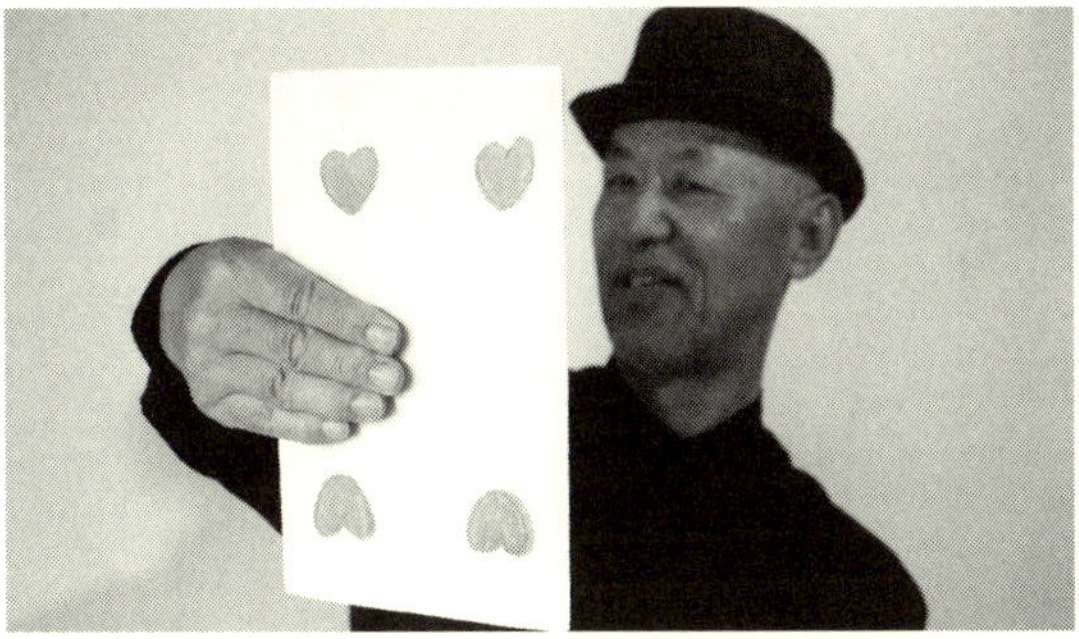

カードのハートが一瞬で、１・３・４・６の４種類に変わります。２〜３秒の手品なので、充分皆さんに集中してもらってからおこないます。ところが「今の何？」という声が必ず出ますので、もう一度やることになります。「なあんだ」というタネばれの声が出るので、「今鼻で笑った方はいますか？」と聞きます。笑いが起きます。手を押さえる場所で、違う数字に見せるやり方です。

「ハナで笑ってきた皆さんですが、このあたりになると私をただ者ではないなという目で、見はじめましたね」。

特に職員から笑いが起きます。技も楽しめるのだという雰囲気になっています。職員側の私に対する事前イメージは、ステッキを花束に変えたりする仕掛け道具の披露です。そのイメージが変わり、職員が喜んでいるのが分かります。カードのマークが瞬間で変わる技も演じます。職員に楽しんでもらうための二～三分の演技披露です。これを見てもらった後は、職員が場をさらに盛りたててくれます。

ワイングラスとコルク

ワイングラスは、一〇〇円ショップで買えます。口の部分の幅が狭いほど、上手にできます。共鳴という現象です。「指先に魔法の液体をつけます。グラスの口の部分を撫でると、きれいな音が出ます」と言います。

撫でるスピードさえ気をつければ、誰でも音を出せます。小学生数人にやってもらいましたが、全員できました。

まず私がやります。皆さん、すごく集中しています。本当に音が出るのだろうかと思っています。魔法の液体は水道水ですが、きれいな音が出たら、液体のすごさに対して拍手があります。いくつか持ってきたグラスで、観客の何人かにおこなってもらいます。職員がサポートをしてくれます。

最初は指がうまく滑りません。でもどなたかが、音を出しました。その方は歓喜に包まれます。他の何人かもできました。

一区切りがついたところで、テーブルにあるグラスに集中してもらいます。「魔法の水は、水道水でした。いまからこの中に、水を入れます。撫でたら音は高くなるか。低くなるか。あるいは変わらないでしょうか」。

全員がどれかを選びます。助手に撫でてもらいます。正解だった人は喜びます。次に、五〇〇円玉の形に薄く切ったコルクを、グラスに浮かべます。「このコルクは、放っとくとグラスの縁に移動します。コルクに触れずにグラスの真ん中に移動させたい。どうしたら良いでしょう。職員の方もお考えください」。

正解が出なくても、これは時間を取らずにやります。あまりインパクトがないものだからです。ガラスの真ん中に静止しているコルクを見て職員から軽い拍手が起きました。

トランプを使った手品

助手との演技に入ります。助手に告げます。「私がこのカードを、上からパラパラと落とします。どこでも良いですからストップと言ってください。ストップが嫌ならステップでも良いです。スコップでもOKです。どれが良いですか」。

ステップやスコップでカードを止める経験は、まずありませんから、笑いが出ます。似た発音の五人組有名男性アイドルグループが健在の時は、それも加えていましたが、解散間近の段階で観客のイメージも複雑になってきたようなので、解散後は、なるべく使わないようにしました。

「ストップが良いです」と言ったら「とても几帳面できちんとした生活をされる人に、ストップを選ぶ方が多いんですよ。見かけどおりの方ですね」と言います。

他の語を選んでも、それに見合う誉め言葉がありますが、ストップを選ぶ人が一番多いです。

「では行きます」。パラパラパラッと秒速で落とします。ストップという時間はありません。

笑いが起きます。「早かったですか」と聞きます。助手は少し緊張しています。〝早く言わなければ〟という表情です。「緊張していますか。もう一度やります」と告げます。大丈夫そうではなかったら「ではあとで、お薬を出しておきましょうね」と言います。介護の現場で日常聞き慣れている言葉のため、職員から笑いが起きます。

「ではもう一度やります。いきますよ」と言ってカードを落とすそぶりをしたら助手は「スト……」と言いかけます。また笑いが起きます。

「ごめんなさい。意地悪をしました。普通に落とします」と詫びます。今度は、ストップといえるスピードでふつうに落とします。

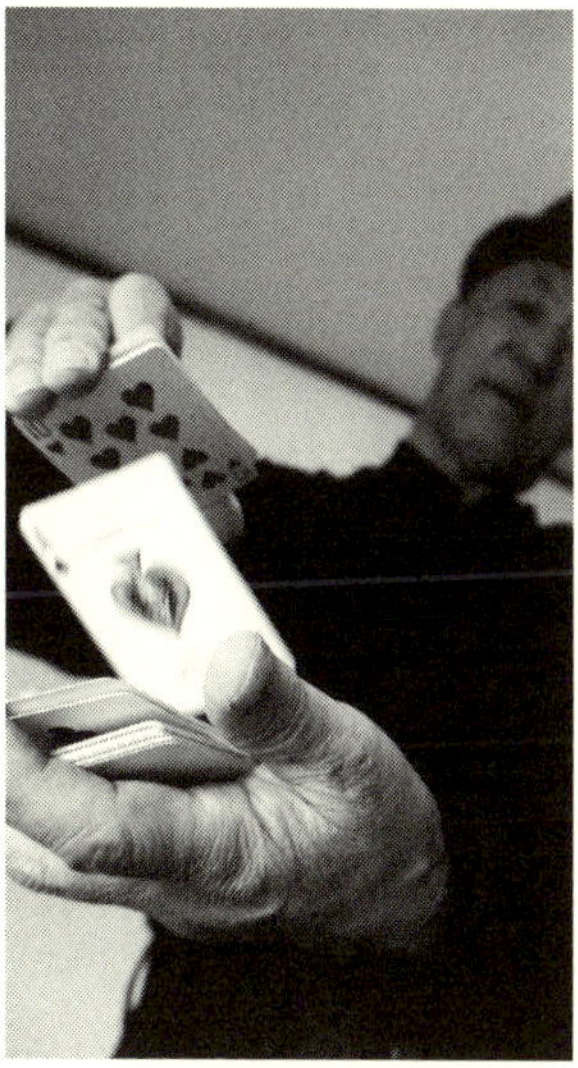

カードを一枚ずつ落とす練習

ストップと言ってもらったところのカードは、助手だけに見てもらいます。私は手元の束を上向きにして、助手に見てもらったカードの一枚上を観客に見せます。「ストップがわずかでも遅かったら、このカードになっていましたね。ということは助手の方が持っているカードは、これでないことだけは、わかりました」と言います。

「助手のカードをあてるのですが、どなたかやってみたい方はおられませんか。カンで良いです」。職員に観客の中から一人（Aさん）を選んでもらいます。軽い認知症の方です。

〝できない〟と言ってその人は、最初は渋りますが、職員が頼むと受けてくれました。

私はAさんに「いまお忙しいですか」と聞きます。

一日手品師

Aさんは手品を見に来ているので、私の問いは間の抜けたものになります。職員が笑います。

「では助手はカードを胸のあたりに持ってきて、誰にも見えないように、手で押さえておいてください」。私は助手の前に行きます。カードを覗き込むようにします。右手をかざし、透視するようなポーズをします。その時私の背中には、正解のカードを大きく描いたものが、左手で持った状態で、観客の方に向いています。観客側からは笑い声と、判ったというような声が出ます。

「うーん。難しいですね。でも思い浮かんだカードはなんでしょうか。Aさんに答えをいただきましょうか。なんだと思いますか？」。

Aさんが答えます。正解です。助手はびっくりします。Aさんも観客も嬉しそうです。職員と観客からAさんを称える声が湧きあがりました。

なぜわかったのか、不思議がる助手の振る舞いに、また笑いが起きます。これは私の思うカードを助手に引かせる手法を使いましたが、Aさんに当ててもらうという形で、観客をにわか手品師にしました。心身訓練効果がある展開になりました。このように全員で楽しい時間を過ごすのが、なによりのリハビリになったようです。

何年か前に〝認知症サポーター養成講座〟を受講しました。オレンジのブレスレットをもらいました。サポーターは全国で七五〇万人を超えるそうです（二〇一六年）。それだけに、この問題は深刻です。サポーターもやがて認知症の仲間入りをするかも知れないからです。

次は助手に、輪ゴムを左右に引いてもらいます。それに私が二本の指で広げた輪ゴムをからめて、引っ張ります。二～三回引いたあとに、私の輪ゴムがすり抜けるという技です。練習すれば小学生でもできます。私は手品の本を見て練習しました。うまくできるのに、五カ月かかりました。

公民館の手品教室でこれを教えたら、私と同年代の方が一週間でマスターしました。これはショックでした。長期に渡って努力したことを、私は自慢にしていたからです。

このことがあってから、手品披露の際は次のように言うことにしました。

「器用じゃないから、手品はできないという方がおられます。器用な人は一〇分でできるかもしれません。でも不器用な人でも一週間頑張れば、必ずできます。要は時間をかければ、どなたでもできるのが手品です。私がそうでした」と。

あわせてこのエピソードを言います。「私は職場では、大器晩成といわれていました。大器になる前に定年が来てしまいましたが」。同じような体験をお持ちの観客が、頷いています。

先程書いた輪ゴムがすり抜けるという手品について、観客に問います。「どこかで見たことがある輪ゴムではないですか?」と聞くと、買い物をよくしてきた方が反応をします。認知症の方も、記憶の片隅にあるようです。

「そうです。この緑色の輪ゴムはスーパーで買い物をして、パックに惣菜や揚げ物を入れた際に、とめる輪ゴムのようですね」。ほぼ全員が頷きます。

そこでこの輪ゴムについて語ります。「私はこの輪ゴムを手品に使っています。とても丈夫で良く伸び縮みしてくれ、私の体験では一〇〇回使用してようやく切れるタフさです」。本当によい輪ゴムです。

そこで言います。「スーパーで手に入れたこの輪ゴムたちを差し上げます。今日覚えた手品の練習に使って下さい」。ほしいと言う方がいます。その方に数本を渡します。

そして言います。「私はこの輪ゴムたちで演じてきたので、もしかしたら、すぐ切れるかもしれません。それは使用一〇〇回目だったということですので、ご了承くださ
い」と事前の釈明をします。

一万年は生きるという亀を露店で買ったら翌日死んだので、露天商に文句を言ったら「その日が一万年目だった」と露天商が言ったという落語を知っている人は、輪ゴムになぞらえての話に頷いていました。

拍手への御礼

「手品、良かったよ」と言って拍手をしてくれる観客がいます。そのときにはこう言います。「温かい拍手をありがとうございます。私は褒められて伸びるタイプなので、その拍手は嬉しいです」。さらに拍手が起きます。

「かなりの練習がないと、こんなにはできんね」と褒め言葉を言ってくれることもあります。その時には次のように言います。「今おっしゃったことが、よく聞こえませんでした。もう一度お願いできますか？」。笑いが起きます。聞こえているのは判っているからです。

こう言われても高齢者はさらに大きい声で、もう一回言ってくれます。そこで「すみませんでした。私は口下手で、聞き下手なのです」とフォローします。

ビンの口に五円玉を乗せ、ラップの筒を五円玉の上に立てた状態で、真上から球を落とす。五円玉の穴よりも直径が大きい玉が、これを通過してビン底に落ちる手品に移ります。どなたがやってもできるものです。

助手のBさんにやってもらいます。「Bさんは、助手を立派に務めてきたので、もうセミプロといえるかもしれませんね。それを証明したいと思います」。

Bさんも、気持ちが乗ってくれています。「ここに金と銀の玉があります。どちらかを選んでください」。ふしぎと皆さんは銀色を選びます。Bさんもそうでした。

「銀色を取りましたね。金の斧と銀の斧の話はご存知ですね。Bさんは銀の玉を取りました。欲がなく誠実な方です」。金を取っても、それに見合う褒め言葉を用意しています。銀の玉は「私が三つ数えたらなるべく上から落とすように」と頼みます。観客は集中しています。

少し緊張した感じがBさんに見えます。そこで私は天井を指さし「あれはなんですか?」と言います。Bさんが上を向いたらラップの筒を持って、Bさんの肩に軽く当て「スキ（隙）あり!」と言います。会場内は笑い声です。思わぬアクションに、Bさんの緊張が解けます。そして技は簡単に成功しました。

大方の欧米人のように、手が大きくて指が長いほうが有利です。でもアジアにも、素晴らしいマジシャンがたくさんいます。ロサンゼルスにあるマジックキャッスル（全世界のプロ中のプロが登壇できる）で活躍する日本人も、たくさんいます。

私は手首から中指までの長さが一六・五センチです。日本人（大人）の平均は一八センチだそうですから、私はかなり短いです。

指の動きが世界一美しいと言われるマジックキャッスル専属のマジシャンは、それが二二センチあるそうです。

ハンディがあっても皆さんを楽しませることはできました。しかし多くの人の前で始めた当初は胃が痛くなったり、公演前に何度もトイレに行く状況でした。今でも、会場に行く当日も、開始前でも緊張があります。トイレに行く回数はふだんよりも多くなります。

始めたきっかけ

四〇年あまり前にテレビで見た手品。簡単そうだと思い、職場で休み時間に同僚に見せました。びっくりしてくれました。コミュニケーションに使えると思いました。

それからは身近な道具を使って手品の練習をしました。勤務時間終了後、職場の同僚を対象にした月一回の手品教室を始めました。休み時間や放課後には、生徒たちから披露を求められました。

十数年後には演技の種類が増え、公民館主催の手品教室で講師を務めました。社会科の授業では「環境問題・海の汚れ」を説明する場面で、手品を取り入れました。ペットボトルに水を半分入れ、キャップをします。これを海水に見立てます。真横にして左右に揺らし、波をおこします。「海の水は常に動いています。これで酸素を取り込んで汚れを分解し、海水がきれいになります。しかし浜が埋め立てられると、寄せては返す砂浜海岸の風景がなくなり、美しさが損なわれます。白浄作用がなくなります」。ペットボトルを生徒に回します。横向きでゆっくり揺すり、波を味わってもらいます。ペットボトルの底では波は立ちません。防波堤（埋立地）のイメージです。一巡したペットボトルが、戻ってきました。短時間で四〇名を通過したことからも、生徒にはさほど関心のない回覧のようでした。

「どうでしたか。あまりリアル感がなかったですか。海の色じゃなかったからかもしれませんね。じゃあ海水色に変えましょう」。思いもしない言葉に生徒が一斉に教卓を見ます。教卓に立てたペットボトルに、ハンカチをかぶせます。ハンカチを取ったら、透明な水が一瞬で青い色に変わっていきました。教室がどよめきました。

授業で手品をおこなったのはこの時だけでしたが、生徒には強い印象として残ったようです。授業終了後に、色が変わった件と自浄作用について、何人かが質問に来ました。

第2章　訪れた転機

八・二〇災害

広島県には、土砂災害箇所が約三万ヵ所あります。これは四七都道府県中でもっとも多い。

二〇一四年八月二〇日、広島市に降った大雨で、安佐《あさ》北区と安佐南区にまたがる阿武《あぶ》山《さん》付近で、山崩れが発生しました。

この山の中腹より下は、もろい風化花崗岩でした。死者七七人、負傷者四四人、建物被害は四二〇〇戸余りに及びました。二次被害を懸念した住民は、公民館や学校に避難しました。

全国からボランティアが来ました。慰問団がやってきました。手品での慰労もありました。スカーフがステッキになったり、箱から動物が出たりする技で、子どもたちを喜ばせていました。

テレビのニュースでこれを見た私は、冷めていました。手品は時間と生活にゆとりがある人が楽しむもの。今までの体験からそう思っていました。実際、公民館の手品教室に来る生徒さんたちは、生活には困らない。退職後の余暇をどう過ごそうかという人たちがほとんどでした。私の職場でも、時間にゆとりのある人が放課後に集まり、帰宅後は自宅で家族に披露していました。

被災者は驚きや笑いを望んでいない。肉親や家を失ったということを思えば、楽しむ環境にはない。手品を見せられている被災地の親子。それをテレビのニュースで「癒された」と紹介するアナウンサー。被災者に不思議さを見せてなんになるという思いが募りました。

九月になりました。被災地での復旧作業は、遅々として進みません。私のカンパは食料や衣服に使われているそうです。被災者は、病院の空き部屋や公民館での暮らしを続けています。学校の体育館も、宿泊所になっています。小学校の子どもたちには授業開始の目処がたちません。

半信半疑

週末の午後、ラジオをつけたまま、うとうとしていました。マジシャンという声が、聞こえてきました。二〇一一年の東日本大震災で、仮設住宅に入った人たちのところに、トランプ一組を持って慰問している男性プロマジシャンが、この日のゲストでした。インタビュアーに対して「みなさんがとても喜んでくれた」と、そのマジシャンは言いました。

私は半信半疑でした。どんなことをやったのだろう。披露したのはトランプ手品に違いないが、高度な技の披露だけで、癒しになるのだろうか。

番組は「心をこめて演じたら、必ず気持ちが通じる」という言葉で締めくくられました。

このたびの災害で、S公民館には一〇〇名を超える避難者がいる。K病院の旧病棟や、B小学校の体育館と空き教室にも、大勢が寝泊まりしていました。毎日のニュースで、状況は把握していました。私は三年前に退職をしており、平日の訪問は可能でした。東

日本大震災では、多くの人が亡くなった。仮設住宅には遺族も多い。マジシャンを受け入れた人たちの気持ちはどんなものだったのだろうか。それと比べると広島の災害で避難している人たちの中には、家族が無事だった人たちも、一定数いる。東北よりは、まだ手品を受け入れやすい環境かもしれない。

数日間逡巡しましたが、病院などを訪問してみることにしました。公民館を訪れてスカーフをステッキに変えていた人たちに対する見方が、変わるかもしれない。それをはっきりさせるためにも、行動をした方が良いと思いました。

被災地訪問

二〇一四年九月中旬、自宅から一番近いK病院を訪ねました。入口には広島市の職員二名が、受付業務をしていました。

被災者たちの多くは日中、仕事や買い物、学校に行きます。この職員は他のスタッフとともに留守を預かると同時に、全国から寄せられる支援物資を分配する任にあたっていました。

私は「手品ボランティアです」と告げました。ここにやってきた主旨を述べました。近くに立っていた背の高い青年が、やりとりを興味深そうに聞いていました。「夕方には被災者が戻ってきます。この件は来週お願いできたらと思います」と職員が言い、改めて日程調整をすることになりました。

帰ろうとしたら、この青年が声をかけてきました。地元新聞社の記者でした。「取材をしたい。訪問日が決まったら連絡を」とのことでした。

「ボランティアなので、写真は困る」と私が言うと「新聞の写真は鮮明ではないので、顔はわからない」と言います。被災地訪問の時は仮名を使ってきたので、個人の特定はできないだろうと思い、この申し出を了承しました。

被災者への披露

数日して日時が決まり、記者に電話をしました。この記者はその日に予定が入っており、他の記者が来ることになりました。手品披露日の夕方、会場に行きました。館内放送を聞いて集まった被災者と区役所の職員計十数名に、三〇分のテーブルマジックを披露しました。

楽しんでもらうためのセリフは、まったく言えませんでした。不思議がってはくれましたが、手品を見ることができて良かったという被災者の反応は、感じませんでした。二日後に新聞に載りました。私とわかる写真が出ていました。被災者が笑っていました。楽しんでくれたみたいだと思いました。後日「名前が違うが、あなたじゃないか」という電話やメールが、知り合いから来ました。

週末には、S公民館で約三〇名に手品を披露しました。ここでも親子が喜んでくれました。終了後には〝もう一度見せてほしい〟とか、〝タネ明かしをして〟という子どもたちが、話しかけてきました。

東日本大震災で仮設住宅を回ったマジシャンの行動は、否定されるべきものではないと、思うようになりました。手品を楽しみたい、気持ちを切り替えたいと思っている人が、見に来ている。でもそうでない人、本当に辛い立場の人は来ていないと思いました。頭の中は不幸の記憶でいっぱいですから、災害前に戻ってほしいと思っている人には、手品鑑賞はそぐわない。

東日本大震災のあと、宮城県出身のプロ手品師は六年間で一〇〇回以上東北へ行き、仮設住宅や学校で手品を披露してきたそうです。この手品師は「本当につらい人は笑えない」と語っています。しかし、この時期の被災地訪問は、私自身に前向きな気持ちを抱かせてくれました。

スカーフをステッキに変えた熟年手品師に対し、一時的とはいえ否定的な考えを抱いたことには、申し訳なかったという気持ちが募りました。

演技の流れ（二）～会話

手品の開始から一〇分ほどが経過しました。観客は楽しんでいます。私も楽しい気持ちになっています。

えんぴつや消しゴムなど、身近にあるものを使うのが基本的な演じ方です。開始時に腕時計の文字盤は、手首の内側に回してあります。途中で時刻を見る行為は「早く終わりたい」との間違ったメッセージを、職員と観客に与えることがあります。

時計を見た瞬間は、手品の流れを切る感じにもなります。手首の内側に文字盤を回しておくと、演じながらでも自然に時刻が見えます。会場に時計があればこの形は必要ありませんが、手品を披露するようになってから、外出時には内側に回すようになりました。

次はロープを出します。一〇～一五メートルの長さのものが、一〇〇円ショップで買えます。赤・青・黒など、色は豊富です。私は主として赤を使います。一・五メートルのロープを結び、輪をつくります。

助手に肘を立ててもらい、この腕にロープをかけて、1・2・3でロープを抜く技と、上に向けた人差し指に掛けたロープをはずす（映画のE．T．を紹介しながら演じる）。そしてロープに通した金属の輪をロープの両端を持った状態ではずす演技を見てもらうのですが「1・2・3ではずします」と私が言うと、職員と観客全員が一生懸命ロープを見ます。カウントは人を集中させる力があります。

そこでいったん手をゆるめて言います。「皆さん。そんなに必死で見なくても良いですよ。手品は見る義務はないのです。一生懸命見ても、血糖値は下がりません。疲れた方はどうぞ寝てください。いびきも結構です。良いメロディ（音楽）になります」。これで座が大きく変化します。一瞬でくつろいだ雰囲気に変わります。楽しく一生懸命見てくれます。

良い感じになったので、〝義務〟について説明します。「国民の三大義務はご存じだと思います。義務教育を受けさせる、納税、勤労の三つです。手品を見る義務は、この中に入っていません」。学校の現代社会の授業で触れて来た内容です。的外れな説明に笑いが起きて、さらにロープをみつめてくれます。この間《ま》の取り方が、手品をよりおもしろくします。

助手が男性の場合は「なにかスポーツをされていますね」と、言うことにしています。腕をそれほど鍛えていなくても、青年にとって〝逞しい〟と言われたら、悪い気はしません。

1・2・3で実行します。ロープが抜けると歓声が上がります。「もう一度やって」と言われることが多いです。助手も驚いています。九〇歳以上の方からも、再演技を求められたことがあります。

青年がスポーツマンだったら、その話題に持っていきます。たとえば「中学と高校で野球部のキャプテンをしていた」という青年が、助手になりました。「スポーツマンだとわかりました。かなり鍛えていますね」と私が言うと、笑顔になってくれます。観客も拍手をします。そこで私が言います。「私も中学と高校ではすこしだけやっていました。こう見えても一〇〇メートルを三〇秒で走ることができます」。〝えーっ〟とか〝すごい〟という声が、認知症の方から聞こえてきます。小学生でも、一〇〇メートルは二〇秒もかかりません。

びっくりしてくれているあいだに、さらに言います。「自慢じゃないですが、私は高校生の時に甲子園に行ったことがあります」。さらに大きく〝えーっ〟の声が聞こえます。

そこで続けます。「そして広島カープと阪神タイガースの試合を見てきました」。失笑と拍手があります。私が球児だったとは一言も言っていないのですが、話の流れで思いこんでくれました。この日はとても演じやすい〝思い込み〟ステージのひとときでした。

再訪問の施設で、同じ人に手伝ってもらったことがあります。「前回が楽しかった」と言って立候補してくれたので、私にとっても喜びでした。多少のギャグにも上手に応じてくれます。

開始にあたり、観客の前で打合せの会話をします。「気持ちが通じているので、阿吽《あうん》の呼吸でいきましょう」。うまくいかなかったら、阿吽の呼吸困難になるかもしれませんがでも前回も上手くいきました。ここまで来ると、アシスタントになるために生まれてきたと言っても、過言ではないですね」。大げさな表現をしたので「今、目が泳ぎましたね」。泳いでなくても言うと、本当に泳ぐことがあります。さらに「以心伝心も大切ですね。立ち往生したら以心伝心柱になるから、お互い気をつけましょう」。なんとなく面白いやりとりのようだと、観客は感じてくれます。

私は広島に住んでいます。広島のスポーツと言えばサッカー・バスケとあわせ、野球の広島カープです。発足まもなく現在の横浜ベイスターズに身売りされる寸前に、当時の監督と県民運動でくい止め、現在の球団になったことを、高齢市民は知っています。それだけに自分が大きく育てたという思いは強い。

カープのシンボルカラーは〝赤〟です。それぞれ赤・黄・青に塗ったトイレットペーパーの芯（筒）を観客に見せます。一二球団にはイメージカラーがあります。黄は阪神、青は横浜などです。

これに触れた後、「この中の一つをハサミで切るのですが、何色にしましょうか」とカープファンが多い観客に聞きます。前置きをしたので、赤はまず選ばれません。この筒の中に、カープに見立てた赤いロープを通します。筒の外からカットすると、筒だけ切れてロープはそのまま残るという手品です。他球団が切られたので、観客は喜びます。

赤い２輪をそれぞれ広島カープとファンにみたてます。２本の輪をクロスさせ、その個所をハサミで切ると大きい１輪になります。他球団の色の輪はどなたかに切ってもらいますが、他球団の輪はばらばらになります。カープファンは大喜びしてくれます。

時折、他球団のファンがいます。その人に確認をします。「タクシーに乗ってカープの悪口を言うと、山奥に連れていかれるのはご存知ですよね」。

広島に長く住む人にはありえない問いですが〝そんなことがあるのか〟という表情のこの人に「野球を巡るトラブルで、行方不明になった人は広島県が上位に入っているようです」と、根拠のない話をします。

周囲から「今日からカープファンになった方がいいよ」と笑いながら言われ、本人も迷った感じになったところで、手品の種明かしをします。簡単にできるので「家で子ども（孫）にやってみる」という声が聞かれます。

他球団の熱心なファンで、その日の出席者と人間関係が良い方なら、赤い紙の輪二本（計四本）をそれぞれカープとファンの輪に見立てた手品をします。このファンと私が、手に持った二本の輪をクロスさせて切りますが、ファンの持った輪はほどけ、私の方の輪は、団結を示す大きな円になるというものです。その結果、ファン同士が野球で盛り上がる場面となり、高揚感が生まれます。

思い込みの楽しさ

先般、学校生活にふれたので、手品の合間に全校朝礼の様子を紹介しました。誰でも経験していることです。「朝礼台の上から校長先生が言います。おしゃべりしているものが三人いる。静かにしなさい。これは実際は数えていません。〝おしゃべりが一〇人いる〟と言ったら、自分以外におしゃべりがいると思い、生徒はなかなか静かにしません。またふつう、おしゃべりは偶数でします」。イメージが湧くのか、うなずく人がいます。

思い込みによって、かなりの部分が成り立っている手品ですが「思い込みの最たるものをご覧ください」と言って、次の出し物にふれます。「長いこと手品をやっていたら、さまざまなことに対応できるようになり、五分間まばたきをしない技が身につきました」。驚きの声が聞こえます。

プロマジシャンは「あっという間です。まばたきしないでご覧ください」と、よく言います。観客はおそらくこのことが頭にあります。私がさらにそのイメージを広げます。「五分間じっと待ってもらうのは、長すぎますね。三分にしましょうか」。うなずく顔がありります。そこで始めます。

私は目を閉じます。〝何が始まったのか〟というざわつきが起きます。やがて笑い声が聞こえます。私のまさかのやり方に、〝思い込み〟の集団は安心したり〝そういうことか〟という声が出ます。私も目をあけて「今、だまされ注意報が出ました。すぐ警報に変わりました」と言い、一緒に笑顔になります。

もう一つ、思い込みの例を語ります。「ところで、私、ジミー重岡はここ（腰）に黒いベルトをしています。なぜだかお分かりですか?」。観客は理由を考えています。声に出す人はいません。

そこで言います。「ズボンが下がらないためです」。当たり前の答えです。しかし私が〝手品師のジミー重岡〟と〝黒色のベルト〟を情報として語ったので、これに意味があると考えた観客は、余計な熟考をしたのです。

宇宙人と地球人の子ども同士の友情を描くE．T．については、かなりの世代が観ています。レンタルビデオ店でもロングセラー的な人気があるようです。お互いの指先と指先を近づけるポスターも印象的です。

そこで高齢者の皆さんと、この映画を観た時期を共有することになりますが、事実上おおよその年齢がわかることになりますから、途中のあいさつを兼ねて言います。「あらためまして。映画入場料一一〇〇円の皆さん。こんにちは」。シニア割引の料金を言うことによる、婉曲的表現をします。大部分の高齢者は意味がすぐには判らず、ポカンとしています。やがて「意味がわかった」という声が広がったところで、次の演技に行きます。

赤いロープを使うことで成り立つ演技をおこないます。この時の助手は女性です。私の言うことを、ユーモアで受けとめることができる人です。「多少の失礼なことを言いますが、こらえてください」と前もっ

ロープで腕抜けやリング落としをおこないます。これは助手に協力をいただきます。

て断ってあります。

「では次の演技です。助手のあなたは、人類代表としてこの場に立っているという理解で、よろしいでしょうか。もう少し範囲を広げて、霊長類代表の方がよろしいでしょうか」。笑いながら相槌を打ってくれます。そこで霊長類には猿たちも入ることを告げ、了解をもらいます。

少しでも怪訝な雰囲気が見えたら「ご心配いらないです。タレントの○○さんや△△さんも霊長類にはいりますから」と、猿顔や猿の演技で有名な人の名前を言います。例えとしては変ですが、○○や△△が手品の主要テーマではないので、助手は最終的にウケてくれました。「誠心誠意やって下さるということです。ではこの赤いロープの端を持ってください」。みなさんは当然、次の手品が始まると思っています。持ってもらったロープの、垂れさがった側の先を私が持ちます。二人でロープをゆっくり引きあう形になります。

「もうちょっと端をもってください。ああ良い感じです。とてもきれいに持ってもらいました」。突然、職員に言います。「これで二人は赤い糸でつながりました」。場内は爆笑です。

助手は展開がすぐには飲み込めず、あっけにとられた感じですが、まもなく笑い始めます。私と助手の年齢が近いほど盛り上がります。助手が結婚していることを知っている観客が「これは問題発言じゃないか」と言って、また笑いになったこともありました。ちなみに先述したタレントのお二人は、猿になりきった演技が卓越で、観客もご存知ですから、この場面で笑いが起きることもあります。

一緒におこなう手品では、一回でできた人に近づいて告げます。「私はこれをマスターするのに、一週間かかりました。すごいです。ご一緒に施設をまわりませんか？」。まず断られますが、本人は喜んでいます。そこで聞きます。「これがすぐできたので、もうセミプロです。この喜びを最初に伝えたい方はどなたですか？」と手に持ったえんぴつをマイクに見立てて聞きます。〝亡くなった夫です〟とか〝孫です〟などの返事があります。優勝した人へのインタビューで聞かれる常とう句を使いましたが、会場からの特別な反応はないセリフです。でも、場はなごみます。

一番にできた方にはこう告げます。「最初にできました。すごいです。一位になった方には、私から助手の□□さんに先ほど、よーく頼んでおきました。□□さんのところに行って、〝私、できました〟と言ってください」。

ここまで言うと一番の人は何かもらえると思います。そこで「できましたと元気良く言ったら、□□さんが〝そうですか！〟と、元気良く言ってくれます」と言います。本人も観客も笑ってくれます。小学生は概ね盛り上がりがないので、これは中高年向きの会話です。

まちがいなく良い雰囲気が得られた会場では、私の自慢話に聞こえることを言うことにしていますが、ここまで言える場は年に一回あれば良い方です。同じ方向をめざしている人が集まっている政党後援会に呼ばれた時も、言えませんでした。

大方の皆さんは楽しんでいる感じですが、政治で社会を変えようという集まりに、手品はなじまないという信念をお持ちの方がたまにおられます。

このようなお考えを持っている方は、表情や動きにしっくりこないものがありますから、すぐわかります。後援会の役員会で決まったことなので、この方はやむを得ず参加しています。私には関わりのないことですが、せっかく参加したのだから、楽しんでほしいと思います。

自慢できる場

年に一回あるかないかの自慢話に戻ります。「多分、私だけがやったことがあると思う、自慢話をします。私は過去に、同じ男性の結婚式の司会を、二回担当したことがあります。それがどうしたといわれれば、それまでですが」。意味がすぐ分かり自慢にはならないと思った人は、失笑しています。実際に懇意にしていた男性が離婚後すぐ「また司会をしてほしい」と頼んできました。「私で良いのですか」と、その男性に言ったのですが最終的に引き受けました。

あわせて「毎年七〇万組が結婚しているそうです。離婚は二五万組だそうです」と具体的な数字に触れます。これに対し「ちょうど七〇万組ですか?」と思わぬ問いが出ました。それには笑って「そうかもしれません」と答えました。

ここでは結婚式のことにふれたので、数年前にあった有名人の披露宴に話を広げました。当時の新聞記事を紹介しました。「……大物男優といわれた〇〇さんと結ばれた人気女優の△△さんは、結婚報告で〝あたたかく笑顔の絶えない家庭をつくっていけ

上の紙コップが下の紙コップをすり抜けるように見える練習

たら〃といいましたが、子どもを叱るときにも笑顔でしょうから、くたびれる家庭になっているでしょうね。この人はまちがって〃生温かい家庭をつくりたい〃と言いそうです」。

「言葉のアヤよ」という声が聞こえます。中高年男女にとっても、今なおあこがれの俳優です。上げ足を取ったような私の発言にも、生温かく応じてくれました。

息抜きに、牛乳が入ったペットボトルを使って、大技（?）を披露します。そのボトルには高原牛乳と書いた紙が貼ってあります。信じてもらうために、私が少し飲みます。「阿蘇の高原で飼われている牛から絞ったものです。おいしいです」と強調します。「これが簡単に酪農牛乳になります」。ハンカチで覆うと同時に、一八〇度回転させます。反対側には酪農牛乳と書いた紙が貼ってあります。飲む直前に高原牛乳と書いた紙を、そっとはがします。「口あたりが違います。さっきとは味が明らかに異なります」。見かけはまったく判らないので、それを利用した、いい加減な演技ですが、展開が判る人は笑うので、場がなごみます。

オレンジジュースでもサイダーでもできますが、一般家庭にある不透明の飲みものなら、視覚に訴えられるので適していると思います。牛乳を飲んでもらうための紙コップも用意してあるので、紙コップを使った手品も見てもらいます。「これは視聴者参加手品です。ご一緒にどうぞ」と、観客にお願いします。テレビで視聴者参加番組という言葉を聞き慣れているので、すんなり応じてくれます。

テレビに出た

テレビのことに触れた上で、思いもかけない話をします。「私はテレビに出たことがあります。私を見たことがある方は?」。まず手は上がりません。もし手が上がったら「テレビよりも、若く見えますか?」と聞きます。肯定的な反応があります。

「○か月前に環境問題の学習会がありました。テレビ局が来ていました。終わって帰ろうとしたら、呼びとめられ、私は一参加者としてコメントを求められました。夕方のニュースで、私の顔が、はっきり映りました」。

どれほど有名かと思っていた観客は、気が抜けます。手を上げた人には「似た人がテレビに出ていたのかも知れませんね」とフォローします。「新聞にのったことがあります」と言うと、これはかなり本気にしてくれます。「その新聞を、今日は持ってきました」。皆さん、新聞に集中しています。その新聞を床に広げ、靴を脱いで乗りました。またボケたため、笑いが広がりました。

これが一定ウケたら、ペットボトルの中の茶が消える技に移ります。同じ形をした二個のボトルを使う、見る側が〝あきれた〟と感じがちの手品です。でも会場が良いムードだからこそ、おこなってもまず問題にはなりません。万一これがウケなかったら「申し訳ありません。今後は再発防止に誠心誠意努めます」と言って、深々と頭を下げます。記者会見で、責任者が謝罪する際の、常とう句です。正面から見ると、腕が菱形に見えるお辞儀です。葬儀社のスタッフやバスガイド、客室乗務員がおこなっています。

この形でやると、お詫びには心がこもっていると感じてもらえるので、すぐに許してもらえます。手品が終わったら「締まっていこう」と言いながら、黒いケースに道具を片づけていきます。

突然の要求

過去に一度だけ、あせったことがあります。手品の依頼があったら、日帰りできる所なら会場の場所を必ず見に行きます。当日、迷わないためです。建物が見られるので、イメージも湧きます。

一週間後に手品をおこなう会場で依頼してきた団体の定例行事があり「会場を見に来ないか」との連絡が来ました。部屋のつくりに多少難があると聞いていたので、下見は必要と思い、出かけました。

会議がおこなわれていました。会議の途中で、主催者が私のことを紹介しました。「来週、手品を披露してくれるジミー重岡さんです」。

それに続いて彼が言いました。「せっかくですから、手品をひとつでも見せてもらえませんか」。会場から拍手が起きました。私は小物をいつも持ち歩いています。でもこれはテーブルマジック用です。五〇人ほどいる人たちには、小さすぎて見えません。でも持っているものでおこなうしかありません。

二月でした。首にマフラーをしていました。手品とは言い難いけど、過去にマフラーを使い、知り合いを驚かせたことがありました。それを演じました。拍手が起きました。それに応え、にっこり笑って礼をしましたが、真冬に汗をかきました。

演技の流れ（三）～予定外の対応

町内会の新年行事に、招かれたことがあります。子連れの家族が来ていました。若い父親は「手品を見破る」と宣言し、わざわざイスを移動させて二メートルほどの至近距離から見始めました。酒の勢いもあったようです。

時折このような方がいます。他の方にとって、演技が見づらい。こういう場合は「仲間になってもらう。助手としてお手伝いをしてもらうのが、最良の方法だ」と、プロマジシャンから教えてもらっていました。

「手品に関心を持ってくださり、ありがとうございます。せっかくですので、アシスタントをお願いできませんか」と言いました。私から数十センチの位置で見ることができるので、父親は当然受けてくれました。私の横に座ってもらうので、他の方も見学が可能になります。

ここではロープを使った技をおこないました。お互いが向き合ってやりますから、タネを見破ることは、できそうです。

ロープが抜けると言っておいて一回やりました。「え？　わからん！　どうしてそうなるの？」会場全体に聞こえる、大きい声で父親が言いました。「もう一回やって！」。

こうなったら主導権は、完全に私のものです。冗談が言える状況になりました。「同じことを二回するなと、掛かり付けの歯医者から言われています。ドクター・ストップです。でもこの医者は手品のことは詳しくないから、もう一度やりましょうね」。

父親は苦笑いしています。気持ちが通じました。

二回目も、充分驚いてくれました。お手伝いをしてもらったことへのお礼を言って、席に戻ってもらいました。その後は予定通り演じることができて、会の行事は終了しました。

第3章　笑顔のために

手ごわい小学生

小学生への披露は、特別の配慮がいります。さまざまな階層の中で小学生が一番手ごわい。小学生への手品披露は、年に数回あります。どの場合でも臨機応変の対応が求められます。

最初に自己紹介をしたあと、一呼吸おいて「あやしいものではありません」と言います。私は上下黒の手品師的服装ですから〝なんかあやしい〟という声が聞こえますが、雰囲気はリラックスムードになります。

そこで「じゃあこういう人は、あやしいですか」と言って「容疑者の少年Aをします」と告げます。子どもたちはテレビのニュースで、殺傷事件などを見聞きしているので、興味津々です。そこで割りばしが入った細長い黒紙を取りだし、目だけを隠して「少年A！」と叫びます。週刊誌に載る図柄です。

〝おじさんは少年じゃないよ〟と突っ込む子もいますが、概ね容認してくれます。友だちにやってみる子もいます。

頻繁に横や後ろを向く落ち着きのない子は、結構います。その集団に声をかけます。「君たち、まだ首は座っていないのか？」。子育て経験のある親が笑ってくれます。

横になることができる部屋での演技なら、〝人間ティッシュペーパー〟を見てもらいます。ワイシャツの中の、みぞおちあたりにポケットティッシュを入れて「人間ティッシュペーパー！」と叫びながら一枚ずつ引っ張りだすというものです。体をティッシュの箱に見立てることになります。〝こんなことをやって、恥ずかしくないのか〟という演技が、かえって小学生にはウケます。

しかし、一つの技を演じようとしたら「それ知っている」「ぼく、私、それできる」という声が、必ず上がります。最初は簡単なものから始め、タネあかしをしますから、子どもたちも見たことがあるのです。

その言葉に知らん顔はできませんから「見たことがあるの？」とか「できるなんて、

すごいね」と言います。

困るのは私が披露する前に「自分がやりたい」と言い始める児童がいることです。私の手品を見たい子どもたちが、たくさん来ています。大人たちもいます。少数の〝技所有者〟に仕切られると、手品ショーにはなりません。

そこで「じゃあ、おじさんがまずやるね。その次にやってもらおうか」。これでこの子たちはいったん、観客に戻ってくれます。まだざわついている子がいたら「集中して見てちょうだい。言う事を聞かないと、押し入れに入れるよ」と、笑いながら言います。低学年の子は、すぐ静かになります。家での体験があるのでしょう。四〜六年生は笑って、同様に集中してくれます。

どうしてもざわつきが続くようなら「おじさんは困っているよ。傷つきやすいぞ、青春！」と叫びます。目の付近を指して「涙の渇いたあとが、ここについているよ」。

ここまで言えば、まず静かになります。あくまでも楽しんでもらうこと、観客には敬意を払うべきもの、ということを忘れない言動に徹します。

割りばしの手品

私の手には、割りばしが握られています。一つ演じます。これは小学生の〝技所有者〟もできます。それに留まらず、割りばしで二つ目の技をおこないます。この段階で、出たがり小学生のほとんどは、驚きます。さらに三つ目までやります。もう「やりたい」という子はいません。

一本の割りばしだけで四つ目までやったら、すっかり〝楽しもうモード〟になってくれました。「すぐできなくても良いよ。まずやってみよう。あたってくじけろ！」。〝言っていることが違うよ〟との声が出ます。でも笑ってくれます。「タネを見破ろう」と私の背中に回って見ていた子どもたちも、席に戻ってくれました。

そこで言います。「全員が気持ちをひとつにしましょう。声をあわせて言ってね。大人の皆さんもお願いします」。「いいよ」と、小学生集団の大声が出ます。関わりたい子たちですから、これにはすぐ応じてくれます。「私が言ったら、元気よくイエーイと言ってください。ではいきます」。「みんな学校は楽しいか！」「イエーイ！」「手品は好

きか！」「イエーイ！」「これが終わったらどこへ帰るんか！」「イエ（家）ーイ！」。一部で笑いが起きます。意味が分からなかった子もやがて笑いだし、その後は全員が私の演技を楽しんでくれます。

ここで地図記号が描かれた図（上図）を見てもらいます。「みなさんにも関わりがある図です。国土地理院が小・中学生から募集して出来上がりました。何を表したものでしょうか」。

「君たちのおじいさん、おばあさんに関係がある」と、ヒントを出します。それに関連した答えが出ます。杖が蛇口と傘に見えたようで、「シャワールーム」と「かさ立て」という声が上がりました。建物の中に杖があるので、正しくは老人ホームです。正解を述べて「みなさんの発想はすごい」と称え、次の話に移ります。

モノマネ

「手品をやっていると、ものの形の真似（＝形態模写）ができるようになったよ」というと、小学生は「やって！」と言います。「学校に緑色の光であらわした非常口があるよね」というと、避難訓練のときに見ていますから、どの児童も「知っている」と言います。

そこで、「じゃあ、今から非常口をやるよ」。私が手品でなにかをやると思っています。正面を向いた状態から、いったん軽く飛びあがって真横を向き、走る姿（非常口の人の絵）のポーズをします。同時に大きい声で「非常口！」と叫び静止します。子どもたちから、笑いと拍手が来ます。真似をし始める子もいます。雰囲気が、より良くなります。

私の服装は黒です。非常口は緑色が中心です。このことを指摘して〝ムジュンしているよ〟と言う子がいます。それに対してはびっくりした表情で「今、君はとてもむずかしい言葉を使ったね。すごい！」と応じます。いわれた子は〝ムジュンよ〟ともう一度言い、得意満面の表情になりました。

色違いを詫び、危険を示す道路標識は、赤色が多いのに、非常口がなぜ緑色なのかを説明して、その子に再度、拍手を送りました。

これがウケたら「手品をしていると、ものまねもできるようになったよ。アンパンマンに出てくるバイキンマンです」。みんな注目しています。

そこで低く大きい声で「ハーヒフーへホ〜！」と言います。声変わりしていたら誰でもできますが、大のおとながやるから喜んでくれます。さらに「楽器もできるようになった。手品ができたら他のこともなんとなくやれるようになるんだね」と言います。手の平でもう一方の手の平を軽く叩く格好をします。「この楽器です。わかりますか。そうです。一番得意な楽器は、カスタネットです」。笑いながらも感心してくれます。

手品を演じたい何人かの子どもには、時間を提供します。中には上手に演じる子がいます。みんなで拍手をします。難しい技をやろうとして、途中であきらめても「ここまでできたらすごい。この技が完全にできたら、ノーベル賞ものだよ」と言います。笑顔になったところで「みんなノーベルって知っているよね。ダイナマイトと、のど飴を考えた人だね」と言うと、大人たちと一部の子どもから、笑いが起きました。

上手にできた子には、「君はすごい。将来はヒーロー（ヒロイン）になってください」と、激励します。本人にはなんのヒーローかわからなくても、ほめられたことは伝わります。満面の笑みがあふれています。

子どもたちのかけあい

時間があれば〝創作おとぎばなし〟を紹介します。「ももたろうの話は、知っているよね。川上から大きな桃が流れてきました」。

おなじみの童話なので、子どもたちは興味がなさそうに聞いています。「おじいさんとおばあさんは、ももを家に持って帰りました。翌日も二人は一生懸命働きました。もものことをすっかり忘れていました。一週間ほど経ちました。そうじゃ。あのももを切ろう。開けてみると、中でももたろうが腐っていました」。

〝そんな話じゃないよ〟という声が聞こえます。「もうひとつ聞いてくれる?」。聞き慣れたももたろうではなかったので、次の話には変に関心を持ってくれました。

「うらしま太郎が浜辺を歩いていると、子どもたちが亀をいじめていました。注意した太郎を、子どもたちは叩きはじめました。あまりに痛いので、顔を上げると亀も太郎を叩いていました」。

この二つの話の教訓は「ももたろうは自力で、ももから出る力を持つこと、うらしま太郎の話では、いじめられっ子がいじめっ子に変わることがあるという問題ですね」と話題を提供して、息抜きをしてもらいました。昔話をベースにして、オリジナル童話を考えると創造性が広がることにも触れました。

一息ついたら小学生たちに、学校に手品（マジック・奇術）クラブがあるかを聞きます。〝ない〟という答えが多いのですが、中には〝帰宅部に入っている〟と、つまらない返事をする子がいます。

その時には、私は〝帰宅部の部長はだれか？〟と問います。顧問と部長がいないと、学校のクラブは成りたたないからです。思わぬ切り返しに返事につまってうろたえてくれたら「会計も決めよう」と言います。これで部活をしてほしいという私の呼びかけは、ある程度伝わります。

学校では、遠足終了時の解散式で、先生が「おうちへ帰るまでが、遠足です」と言います。「自宅の玄関に入るまでは、学校行事が続いていると思って、気を抜くな」という意味です。小・中学生対象の公演では、終わり頃に「お家に帰るまでが、手品です」と言います。全体の反応は鈍いですが、先生たちが苦笑しています。

「学校には遅れずに行っていますか？」と聞くと、皆勤賞の子が必ずいます。その子をほめた後、「私も皆勤賞になったことがある」と言います。

「手品をやるようになってからは敏感になり、砂時計で起きられるようになりました」。子どもたちが感心して聞いています。

島根県にあるサンドミュージアムの大砂時計でも使わない限り、分単位で時計をひっくり返さないといけませんので、ありえない話ですが、みんな〝敏感〟のところに意識が行っているので、聞き流してくれます。

〝交通事故に気をつけるように〟と言われている小中学生の中には、道路標識を勉強している子がいます。その子たちの前で演じる時は、道路標識クイズをした後、〝車両進入禁止〟のマークを示します。赤色と白色の円形図の正解が分かったところで、「私はこれを見た時、どきっとすることがあります」と言います。そして車両の文字の上に〝重岡〟と書いた紙を張ります。「一瞬、重岡進入禁止に見えるのです」と言うと、うなずく子がいて、標識をより身近に感じてくれます。これは車両の字に似た苗字の人、たとえば重高さん、東内さんでないと、この話には持って行けません。その場合は、「知り合いに重高さんという人がいる」と前置きして、前記の展開にすれば良いかもしれません。

突拍子もないことを言う子もいます。その時には、発言そのものを否定するのではなく「いまの言葉で、あたた！　足がつったよ」と痛そうにします。他の子たちも私の突飛な発言と理解していますから、突拍子発言を混ぜ返してくれて、次へ進めます。

大人からの質問

大人たちの中には「手品をおこなうのに、資格はいらないか」と聞く人がいます。ここでは、プロとアマの違いをお話しします。「資格試験や免許などは、ありません」と言います。「でもなにかが必要じゃないか」という人には、次のように言います。「せっかくのご質問ですから、お答えします。プロには中卒の人や、難関大学卒業の人もいます。私の最終学歴を申します。三五歳の時に、アマチュア無線の資格を取る学校を卒業しました」。笑いが起きます。「これって学歴か？」という声も出ます。でも資格不要ということは、理解してもらえたようです。

けん玉もジャグリングも、演じるのに免許は不要です。手品に段や級はありません。けん玉にはそれがあるようです。

手品をおこなう際に、私が気をつけていることがあります。手品ショップで買った商品のタネあかしはしない。プロマジシャンが秘密にしているものは、タネが予想できても、断定した説明はしないということです。

晩年をどう過ごすかという感じの方がいなければ、演歌歌手の三波春夫さんが口癖にしていた、観客を称えるキャッチフレーズを、しみじみと言います。「お客様は神様という言葉がありますが、私の同世代は何人かが仏様になりました」。この手品師は人並み程度に悩みがあると思ってくれて、より親近感を持ってくれます。

演技がすんで懇親会になった時、テレビで見たマジックのタネを聞きたいという人がいました。プロマジシャンはタネで生活しています。タネを知ったら手品の不思議さが消えて、日常生活に戻ってしまいます。そこで「聞きたい」という人には、次のように言います。「手品をやりたいのなら、タネを知った方がよいのでしょう。でも〝見て楽しかった〟で、終わってほしいのが手品です」。これでほとんどの人が、欧米的楽しみ方でよいと思ってくれます。ロープ抜きの演技で述べた、タネを見破ることに執念を燃やす観客の存在は、他の客の〝楽しみたいモード〟にそぐいません。

保育園児と楽しむ

保育園の子どもがいる場では「みなさん、元気ですか」と呼びかけます。「元気です！」という、はじけるような声が返ってきます。

雰囲気が良かったら多少の前置きをした後に、「サザエさんと、じゃんけんしているか？」と、投げかけます。脈絡がない問いでも、保育園の子たちは「している。よく勝つ！」と応じてくれます。

盛り上がったところで、植木鉢が描かれた画用紙を使ったコントで引きつけます。「栄養分のある土（ほっぺた）です。植物が生長していきます。はい、芽（目）が出ました」から始めて、葉（歯）が出る↓花（鼻）が咲く↓毛虫が来た（眉毛）↓実が二つなる（耳）↓蝶が来た（耳を動かす）と、顔のパーツを紙の中央にあけた穴から出して展開を続けます。

最後に、丸めた画用紙から、実としてのミカンが二個、転がり落ちてきます。ただのギャグかと思ったら、本物のミカンが出たので、手品的雰囲気になりました。子どもたちの歓声が上がりました。予備のミカンを、園児全員に配ります。とても喜んでくれました。

演技の流れ（四）～政治の話

江戸時代には、庶民による社会風刺がありました。手品披露の過程で、権力や大金持ちへの風刺が盛り込めないかを考えてきました。

それは国家権力（政権）に対するものでないとおもしろくありません。権力を持たない側（一般に野党や庶民）を風刺の対象にしたら、庶民感覚とは、ずれます。

政党の後援会に呼ばれることがあります。現政権を支持する人たちでも、政策に不満がある人は意外と多いものです。風刺手品を笑ってくれます。後援会員は政治に関心がありますから、演じると一定の反応があります。生活が苦しいという人たちには、同感の意味を込めて「社会的弱者の皆さん、こんにちは」とあいさつをします。そこで、手品の合間に次のような話を披露しました。

（一）十数年前、年末のテレビに出演した有力政治家がいました。このテレビ局は、経営者が時の政権に好意的です。

司会担当がこの政治家に言いました。「Aさん。今年を漢字一文字で表してください」。一瞬考えたAさんは「……変化」。進行係「漢字一文字でお願いします」。Aさん「うーん。それは、ま、責任ですかね」。二文字になっていることに気付いた後援会員から、笑いが起きます。私は言います。「Aさんはこの頃から、人の話を聞かなくなったようです。今では周囲がイエスマンばかりです。このような人が政権を担うと、日本はどうなるか。私が漢字一文字で表します」。

そう言って皆さんに見せた紙には〝不幸〟と書いてあります。「あ、二文字でした。私も人の話が聞けない人間でした」。

笑いが起きます。首相を務めたこの有力政治家の名前を紹介して、実話を終了しました。
(二) A3サイズのチラシを広げます。「この大企業のチラシはよく見ますね。新聞折り込みで毎週のように、我が家に届きます。世界の長者番付でも一〇〇位以内に入る人が、企業の会長を務めています。もうけを社会に還元しないし、法人税をもっと安くしてほしいと、政府に要求している人です。このチラシを見ると、私はハサミで切りたくなります」。そのチラシを何回かに折った上で、実際に数か所を切ります。何が始まるのかという顔で、皆さんが見ています。切り終わったチラシは、机の隅に置きます。

「これですっきりしました。私のストレス解消法です」。

手品が始まると思っていた人たちから、拍子抜けしたような笑いが起きます。

「では、手品をします。トランプを使います」と、場面転換をします。

カードがバラバラに繰れていることを会場の皆さんに見せた後、どなたかにお願いして、繰ったカード五二枚の中から一枚を選んでもらいます。

「皆さんにも、そのカードを見せてあげてください。見せ終わったところでカードを当てます」と言います。

「まずカードの色です。うーん……。赤ですか?」。「そうです」という返事があります。「赤と黒しかないので、確率五〇%です。偶然あたったのかもしれませんね。ではマークと数字です。……見えてきました。××マークの△△ですか?」「ちがいます」という声が聞こえます。「え? はずれましたか。何でしたか?」。観客は喜んだり、私に同情的な雰囲気もあわせて広がります。出たカードは□□でした。

そこで続けて言います。「皆さん。ご安心ください。私は手品をしています。さっきチラシを切りました。適当に切ったのではないのです。そのカードを予言していました」。

チラシを広げます。そこには□□と判るマークが、切ってありました。ストレス解消のためにおこない、一部の観客からは失笑を買ったはずのチラシが、ここで生きてきた意外な展開に、より大きな拍手が起きました。失敗したと思わせて、最後にはカードを当ててしまう方法は、手品をより楽しんでもらえます。

前記の大企業に関する箇所を、高級時計で代用することもあります。その大企業で働いている（いた）人が会場内にいて、企業名を出すと会場の雰囲気が壊れる恐れがある場合です。

いくらブラック企業に名前が挙がっている会社でも、名指しの批判はしこりを残すことがあります。実際にこれで楽しい演技が保てなくなったことがありました。

新聞折り込みで来るチラシの中には、一〇〇万円を越す腕時計の広告があります。私がつけている六〇〇〇円の時計が二〇〇個ほど買えるという話をして、ストレス解消にチラシをハサミで切る形です。時計や宝石をターゲットにした方が良いと思う場では、そうしてきました。「手品でだますので、ブラック手品師と言われたこともあります。でも実害がないから、ブラック企業に比べたら罪はないですね」とコメントします。

(三) これは、かなりの方がご存じの話です。二〇年近く前、日本で先進国首脳会議(サミット) が開かれました。アメリカ大統領が、遅れて来日することになりました。

M首相が空港まで出迎えにいくことになりました。その際のやりとりについて、お付きの者が首相にアドバイスをしました。「大統領が飛行機のタラップを降りてきたら、握手をしてハウ　アー　ユーと言って下さい。大統領は、アイム　ファイン　サンキューと答えます。そこで首相はミー　ツーと返して下さい」。

大統領が空港に着きました。M首相は近寄り、握手をして言いました。「フー　アー　ユー?」。少し驚いた感じの大統領でしたが、機転を利かして「アイム　〇〇(ファーストレディとしての妻の名)ズ　ハズバンド」と返事。首相「ミー　ツー」。

石坂洋次郎の小説の中に、ページ(page) をパゲと発音する場面が出てきますが、それを思い出しました。以下、英語の辞書を使った手品を披露しました。

(四) 幕内優勝をした力士には、千秋楽の日に賜杯《しはい》や賞状が手渡されます。ある場所では横綱が優勝しました。杯《はい》は「内閣総理大臣杯　〇〇〇殿」と読み上げて、土俵の上で首相から渡されます。渡すのは、漢字の読み方に難がある総理大臣です。杯を渡す時になりました。この総理大臣は読みあげる際、杯を抜かして「内閣総理大臣　〇〇〇殿」と言いました。会場は、ざわっとした雰囲気になりました。読みあげた本人は気付かなかったようで、訂正もないまま式は終了しました。

会話で距離を縮める

手品と手品の間にコメントを入れると、観客は私に対して親近感を持ってくれます。たとえば交響楽団の著名な指揮者が、演奏開始の前に曲の説明をするだけで、舞台がより身近なものに感じられます。黙ってタクトを振る堅物と思われがちな指揮者に、親しみが持てます。ステージマジックでは、司会者とＢＧＭが進行を担いますが、演者が声を発すると舞台は盛り上がるし、客席との距離が急接近します。

前記の相撲の話に会場がかなり乗ってくれたら、家族のエピソードにふれます。「帰宅した中学生の長男が、言いました。休み時間に廊下で相撲を取っていた同級生の二人が先生に叱られたそうです」。「僕も叱られた」というので、話を聞くと「横でその相撲の実況中継をしていた」と言いました。このような私事にふれると、会場がアットホームな感じになります。

政治の話をすると、観客から「あの政治家Bはきらいよ」という意見が出ることがあります。とりわけ女性団体の集まりに多いようです。個人的意見を言ってもらってもかまわないのですが、それが手品公演の本筋ではありません。そこでフォローします。「ただいま不規則発言がありましたが、ご本人のオリジナリティを尊重して、そのままでお届けします」。古い映画が上映される時、このような断りが字幕で入ります。その文言を使わせてもらいました。これで次の展開に移れます。

観客の発言により強いフォローが必要な場合があります。その時は「仲間と力を合わせ、近いうちにそのBさん（政治家）を、手品で北半球から消しておきます。これは共謀罪で逮捕かも。罪名は特定秘密保護法で明らかにされないでしょう。皆さん、私は危険人物ではないです。証人になって下さい」。これで溜飲を下げてくれます。

手品がうまくできない人には、元首相のキャッチフレーズをひねって、励まします。「生活が苦しい人に、K元首相は言いました。痛みに耐えてほしい。痛みに耐え続ければ、やがて痛みに慣れる」。本来の言葉は痛みに耐えたら、やがて良い生活がやってくるというものでしたが、現実には痛みと格差社会を残して、彼は去っていきました。「手品も一緒です。難しさに耐えて努力しても、できない人にはいつまでたってもできません」。それでも笑いながら、観客は努力を続けてくれます。

不登校への対処

長男の私事に触れたことへの反応が良かったら、少し真面目な話をします。子育て中の人も参加しているからです。

「私の長男は高校に入って五月に、不登校になりました。四歳下の子も高校一年の秋、不登校になりました。

本人は学校に行かねばならないと思っています。だから不登校になります。学校になんか行くものかという、ぐれた子どもは、自らの意思で登校を拒否していますから、その気になったら学校へ行きます。不登校になった時に親が言うべき言葉、言ってはならない言葉があります。

〝学校に行きたくなければ行かなくて良い。高校は義務教育じゃない。でも何年か後に行きたくなったら、授業料は出す〟。子どもが小・中学生なら、〝出席日数は関係ない。一五歳になったら自動的に卒業できる〟と言います。

無理して行かなくて良いという言葉は、子どもに無上の安らぎをもたらします。居場所が見つかったのです。子どもは高校中退でも良いと、割り切ることです。学校だけが、世の中ではないということです。

やってはいけないのは、出席日数を気にして無理に登校させようとすることです。たとえ保健室登校でも、無理強いは禁物です。教員をしていた私が言うのは変ですが、我が子のためにはそういうべきなのです。

やがて〝明日学校に行こうかな〟と子どもが言い、自らが不登校を克服しました。高校を卒業して何年か後、子どもが言いました。「あの時の親の言葉で、気が軽くなった」。大学を卒業して四〇歳代になった長男も四歳下の子も、元気で働いています。

共謀罪と手品

実際に政府が言うテロ等準備罪（共謀罪法〜正式名称は「組織的な犯罪の処罰及び犯罪収益の規制等に関する法律等の一部を改正する法律」）には、怖さを感じます。ですが、多くのマジシャンは保守的のようです。

時の政権を風刺するプロマジシャンを、私は知りません。関西の方に、政権批判をするアマチュア手品グループがいますが、テレビには出ません。刑法が定める罪刑法定主義（罰せられる犯罪が、あらかじめ明確になっている）の立場が堅持されるなら、安心です。しかし「首相を北半球から消そう」と相談しただけで、テロ等準備罪法にひっかかります。同じことを言っても、政権寄りの団体なら〝冗談を言った〟とみなして、見逃してもらえるでしょう。反政権グループが言ったら、家宅捜索があります。警察で事情聴取になります。逮捕まで行かなくても良いのです。これだけで、このグループはダメージを受けます。

時の政権を笑い飛ばすコント集団があったら危うい。テレビでは放映できないとして出演を断られるというあるコント集団は、全国を回り、ホールでの発表を続けていますが、その出演者は、共謀罪法の怖さに触れる談話を、発表したことがあります。政治に関する発言はうっかり言えない。〝逮捕などは実際おこらない〟と思いたいのですが、共謀罪法はそれができる体系になっています。

〝この法がないと、二〇二〇年の東京オリンピックは開けない〟と、首相が言いました。それが正しければ、この法はオリンピック終了後に廃止される特別措置法になるはずです。そうはなりませんでした。法の目的は、テロ対策以外にあるということです。法成立時の当時の法務大臣は〝地図と双眼鏡を持っていたら、テロ実行者とみなす〟と言いました。スマホには両方の機能があります。〝多くの人たちが捜査対象条件に当てはまる〟と、法務大臣が国会で言明したのです。

不祥事が多い政治家と警察が、共謀罪法の対象から除外されていることにも、違和感を持ちます。私は楽しく政権風刺の手品がしたい。〝こじつけ逮捕〟は勘弁してほしいと思います。

第４章　認知症の方のために

認知症の人との接し方

ユマニチュードという言葉（造語）が注目を浴びています。認知症の人に接する際、低い姿勢で正面から近づき、アイ・コンタクトで語りかけます。相手の眼から視線をそらさずに話しかけることで、安心感と信頼感が生まれるというものだそうです。

手品のアシスタントをお願いする時や、演じている時に観客の視線を私の方に向けたいとき、眼と眼が合うと、私の希望が満たされることが多くありました。

演者が見ている方向を観客は追ってくれがちなので、これでタネを見破られないようにするやり方があります。ミス・ディレクションという手法です。このことでも、視線はとても大切だと感じます。認知症の人にとって、自らの尊厳が傷つかず、怖がらせない公演姿勢は、大事だろうと思います。

当時八〇歳代半ばの私の母は、家族が気がついた時には高度認知症になっていました。服を着ようとしたら、右手を通すことができない。あっという間に歩くことができなくなりました。入院となり、私たち夫妻と私の姉兄弟が、交代で付き添うことになりました。私は毎夕、病院に行き泊りました。朝、仕事に出かけました。四〇日ほどは持ちこたえました。その間、母の認知症はより悪化しました。昼間寝て、夜中に起きている母に、添い寝している私はたびたび起こされました。眠い私はある晩、差し出してきた母の手を叩いて「今夜は寝かせて」と布団の中に戻しました。

翌日、交代のためにやってきた姉に、母は言いました。「息子がひどいことをした。私の手を引っ張って空中でぶんぶん振り回した」。どの子が来たか、だんだん判らなくなり始めた母を、専業主婦の姉が自宅に引き取り、兄弟が交代で泊まり込みをすることになりました。認知症の人の老化の速度は、認知症でない人の二〜三倍の速さといわれる通りの進み具合でした。昨日と変わらない今日が迎えられたら、母にとってはすごい進歩だという捉え方が、当時の私にはできませんでした。

一九一〇年生まれの母は結婚後、父の仕事が中国に移ったため北京に近い天津市へ渡り、一九四五年、日本の敗戦を受けて子ども四人と船で帰国しました。その船中で母は死産を体験しています。赤ん坊は日本海へ流したそうです。戦後、六人の子を育てた母は「自分のための時間はなかった」と言っていました。父の死後は、恩給（現在の共済年金）での生活をしていました。

認知症発症の三年後に、母は亡くなりました。介護保険はなく、介護施設も充実していない時代でした。それだけに、認知症の人たちが、施設で私の手品を楽しんでくれる姿に、母が重なりました。

演技の流れ（五）～元気な高齢者

元気な高齢者の集まりに呼ばれることがあります。町内会や婦人会・女性団体には、古希を過ぎても活発に活動する方が多くいます。反応が良いし、手品演技への理解も早い人たちです。楽しい話と、ほどほどの技を見てもらうことになります。私の今までの体感では、手品を見るのが好きなのは、女性のほうに多いようです。男性よりもストレートに反応してくれるので、演じやすい。多少失礼なことを言っても、想定内のような受けとめ方をしてくれます。男性は、手品を覚えたい方が多いようです。最初のあいさつから始めます。「みなさん、こんにちは。本日は、お足もとがふらつく中、ようこそお越し下さいました」。笑いが起きます。

少し離れた場所で、立って見ている人がいます。世話好きの方が「席があいているよ」と言っています。他の観客も気にしています。

その時はその人に向かって目をあわせ、私は笑顔で「ヤッホー！」と叫びます。登山の時にやまびこを呼ぶ、例の言い方です。私からも遠いよという意思表示になり、やがてその人は空いている席に座ってくれました。それに合わせ「良い席はお早めに！」と声をかけ、間《ま》を持たせます。

「手品師（マジシャン）は、全国にたくさんいます。その中で、私を選んでくださったことに、まずお礼を申し上げます」とあらためてあいさつをします。〝他の人を知らんのよ〟とか〝タダだからよ〟という返しがあったら続けます。

「その通りですね。でも私が有名になったら、チケットを手に入れるのが大変でしょうから、知名度はこの程度に留めておきます」。共感とも不同意とも取れる拍手が起きました。

一通りの演技をおこなった後も、疲れを見せない観客に向かって「みなさん、お元気ですね。昼間にお集まりですが、お見かけのところ年金生活ですか?」と聞きます。「そうよ。そうよ」という声が聞こえます。

「……ということは前期高齢者ですか。後期高齢者ですか」と聞くと、口々に「そんなこと、どっちでも良いくらいの年齢よ」という反応です。

そこで私も「そうですよね。分ける必要はないですね。ではあらためまして、ごあいさつ申します。病弱男女の長期高齢者のみなさん、こんにちは!」。笑い声と「言い過ぎよ!」の反応があります。老若男女(ろうにゃくなんにょ)という言葉は皆さんご存知ですが、私のまちがった言い方を聞き流してくれます。手品を楽しみたいという雰囲気は変わりません。

前述した〝演技の流れ〟でおこなった手品を合間に入れながら、話を続けます。認知症の方の集まりでおこなっても良い演技ですが、基本は手が自由に動かせる高齢者と一緒に進めていくものになります。

「両手を前に伸ばして、手のひらをつけて下さい」。「その手のひらを裏返して、手の甲同士をつけます。片方の手をもう片方の手の平へ持っていき、握って下さい」。

大きい声でゆっくりとおこないます。できない人には、できた人が教える時間を確保します。

観客は手や指を動かすだけだと思っています。全員ができたところで「みなさん。完成です。そちらの方もあちらの方もできましたね」と言って客席の方に呼びかけます。私は、ほどいた手を伸ばします。そしてすぐに手を組みます。その際、普通に握った手を一八〇度ひねった形に組み直します。

この場面はまったくと言って良いほど、気付かれません。披露する際の決めごとのひとつである〝手品がどうなるか結論を言わない〟状態で開始していますから、みなさんは違和感を持ちません。この演技は軽いラジオ体操です。健康にも良いです。

「ではここからは、私に注目して下さい」と言います。一緒にやろうとする人が必ずいますが、「見ていて下さい」ともう一度念を押します。でも不思議にほぼ全員が、一緒に手を動かします。それでも構いませんので、続けます。

「私は握ったままの手を、頭の上に持っていきました。これをゆっくり前に下ろすと、普通に手を握った形になりました。どうぞやってみて下さい」と言います。できる人はいません。たまに勝手に握り直した人がいて、〝できた〟と言う声があがりますが、その人には「骨に異常があるようです。このあと整形外科か、接骨院に行ってください」と告げます。

〝どうしてできないの?〟という、ざわざわした雰囲気になります。そこで「タネあかしをします」と言います。解説しながら演じます。〝なーんだ〟という声で、場の雰囲気がやわらかくなります。もう一度、一緒にやります。これに背伸びを加えて、上半身の体操になりました。

手を見てもらったので、手のひらを見せます。「一番短い指は、小指ですね。小指がもっと短くなったら、何というかご存知ですね」。誰も知りません。問いただすような言い方の「知っていますか?」という表現は避けます。

これにより〝短くなったら何というのだろう〟と、ゆったり思考をしてくれます。ちょっと間を置いて言います。「そうです。より短い小指ですから、小小指ですね」。初耳の語句に、失笑が漏れます。その小指が、関節二つ分短くなりました。「これがそうです」。面白がってくれます。

「ご一緒に、小小指をやってみましょう」。全員で試みます。他の指を動かす人が、多くいます。指の運動を楽しく始めています。できた人は誰もいません。地味な演技ですが、練習がいるからです。これが今までにできたのは、私の手品教室の生徒さん一人だけです。それもそのはずで、小小指は私たちの手品教室で考えたものだからです。

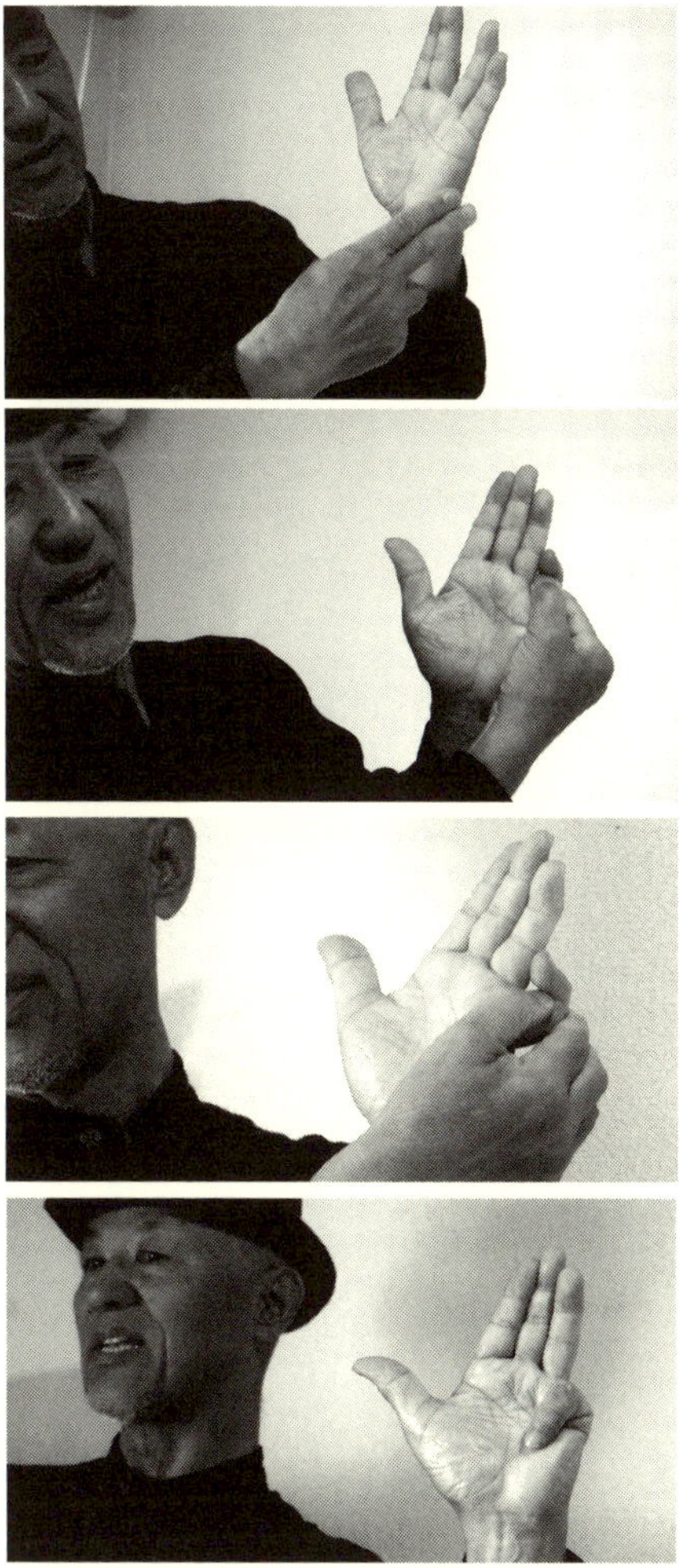

（上の２枚）小指の小さいのを、小小指といいますよね、と勝手につけた名を言います。小小指を見てもらいます。次に開いた手の指を折ってもらいます。親指はみなさんできます。順に１本だけ曲げていって一番難しい小指だけを曲げます。たまに太極拳などをしている方でできる方がいます。「すごいです。一緒に施設を回りましょう」と呼びかけます。断られますがその方は嬉しそうになさいます。

乗りものあれこれ

一段落したところで問いかけます。「みなさん、今日はなにで来ましたか。歩きの方は?」。手が上がります。「自転車は?」「バス?」「電車?」「車?」。挙手が減っていきます。

でも手を上げない人がいます。そこで「馬で来た方は?」と聞きます。笑いが起きます。挙手はゼロです。「いませんか。そうですよね。自転車なら駐輪場があるけど、この近辺には駐馬場が整備されていませんからね」と的外れなまとめをします。笑いが起きます。

「忘れていました。バイクで来た方はいますか」。若干の挙手があります。そこで聞きます。「原付バイクに乗っているのですね。スクーターですか。坂道でも楽で良いですね」と同感の発言をします。今日は私もバイクで会場に来たので、こう言います。「私もバイクで来ました。ホンダのカブに乗っています。それで自分のことをカブヌシと呼んでいます」。全員が笑ってくれて、会場はいっそうなごみます。

比較的若い人たちが多くいる場合「私はバイクで走りながら、歌うことがあります。そのような自分をシンガー・ソング・ライダーと呼ぶことがあります」と付け加えます。自転車で来ている人もいます。「何人かは、ママチャリでおいでのようですね。我家にもチャリが二台あります。これに少しかっこ良い名前をつけています。一台目はチャーリー一号です。二台目はわかりますか?」〝わかった〟という顔があります。「その通りです。こう呼ぶと、乗り心地も変わってきます。E.T.が使った自転車のように思えてきます」。そんなはずはないのですが、イメージしている感じの顔も見えます。

意味不明のことを、言い始める方たちもいます。そのような時には「土星人の皆さん。言っていることが分からないのですが」と言います。「みんな地球人よ!」と返ってきたら「間違いました。土星人じゃなくて女性陣というつもりでした。耳のあたりに土星の輪のようなもの(イヤリング)をつけた方がおられたので。ごめんなさい」と謝ります。やわらかくクレームを出したので、次の展開に持っていけます。

演技に拍手が多く寄せられたら、タイミングを見て言います。「とても喜んでいただけたようで、嬉しいです。長年、手品を披露させてもらいましたが、それはすべて本日のためのリハーサルでした」。笑いと拍手が起きて、雰囲気はさらによくなりました。そこで「今日の演技は、ふだんの一・五倍の力で披露しました」と、さらにいい加減なことを、付け加えます。

お天気で会話を

気候のあいさつを、日常会話に取り入れることが多い高齢者のみなさんです。演技が一区切りしたら私は窓の方に行きます。空を見て言います。「いま、気圧の谷が通りましたね」。うなずく人、意味が判らないという態度の人。どんな反応があってもかまいません。偶然、飛行機が飛んでいたら「警察です。そこの飛行機、止まりなさい！」と、手をメガホンにして、空へ向かって叫びます。

警察ネタに反応があったら、過去に体験したことを付け加えます。「中学生の時、目的地への道が判らなくなりました。交番があったので、そこのお巡りさんに道を尋ねました。お巡りさんが言いました。あの先を右に曲がったら、お店があるよ。ジュースを売っているから買ってきて。そうしたら教えてあげる」。言われた通り、私はお店へ行きました。店の人に道を聞いて、目的地に行きました。買ったジュースも私が飲みました」。昔は冗談を言う警官もいたという話です。

道を尋ねられることは一生に一回はあるものですが、逆に道を聞きたくない相手とはどんなタイプなのか。多分怖そうな人でしょう。これは観客それぞれに思いを巡らせてもらうことにします。私の父が若い時、横柄なもの言いをする人に、道を聞かれたそうです。とっさに逆方向を指さしてやったそうです。

雨が降っていて、空が見えない時は「今日は雨模様でしたね。降水確率三〇％だそうです。一〇人のうち三人が濡れるのですね。会場の方の三割ほどが、傘を持っているわけがわかりました」と非科学的な話をします。誰も反応がなかったら、ウソを言った状態で終わることになりますから、真面目な顔で解説をします。

窓の外が夕方になっていて、そこに猫がいたら観客に聞きます。

「このへんは猫が多いですか?」。地元の集まりですから、みなさんは犬や猫の存在をご存知です。

そこで動物管理センターのパンフレットにあった、猫に関する雑学を披露します。

「動物愛護法では、飼い主のいない猫でも殺傷したら最大で罰金二〇〇万円、懲役二年。飼い主が猫を衰弱させたら罰金一〇〇万円だそうです。あの猫はどうなっていますか?」。〝餌をやる人もいるよ〟という声があったら言います。「野良猫の寿命は、五年ほどだそうですね。じゃあ、大事にされている猫に、あいさつしておきます。猫にこんばんは!」。無反応でも先へ進みます。

ここまで言える場なら、多少の脱線は容認してもらえます。そこで「私の人生は、人に言えないことが多くありました。私よりも、より暗い過去と明るい未来をお持ちの皆さんは、いかがでしょうか」と聞きます。賛否の声が出ます。

そこで「お見かけするところ、みなさんの暗い過去を知っている人は、ほとんど絶滅危惧種になっているようですね?」と、長期高齢者に引っかけた感想を述べます。

さらに尋ねます。「昔を振り返ってみます。小学校の頃、落とし穴をつくって、友だちを落としまくった方は?」。

手はまず上がりませんが、ざわざわした状態になりました。そこで続けます。「三〇代のころ、食堂で食い逃げをした方は?」。

意味がぴんとこないようなので「食事後、お金を払わずに走って逃げることです」。笑い声とざわめきが起きました。

「では六〇～七〇代に、高速道路を逆走した方は？」」。ここまで来ると、ありえない展開です。でもニュースではよく聞くので、暗い過去の意味とあわせて、事件を共有できる空間が広がりました。

そこで高齢運転者に関する数字を紹介します。二〇一七年版「交通安全白書」からの引用です。「七五歳以上の運転者は、五・九％がブレーキとアクセルを踏み間違えています。七五歳未満では〇・七％ですから、約八倍です。過去五年で起きた高速道路逆走の年平均は、六〇歳未満が約一〇件、七〇～七四歳で約二八件、七五歳以上が約四〇件だそうです。七五歳以上では、全国で一カ月に三回は発生しているということです。衝突事故を起こす前に保護された高齢者が、その時の恐怖を警察に言ったそうです。〝たくさんの車が逆走してきて、怖かった〟」。意味が判った観客は、笑いづらいという顔をしています。

中高年になっても、バスツアーには行っているはずです。ガイドのおなじみのセリフを言います。「ガイドさんが車窓の案内をしてくれます。『右手をご覧ください。右手で一番高いものは何でしょう？　そうです。中指です』」。多少はウケました。私の短い指をふたたび見せて、次へ展開します。

長年、ペーパードライバーをしている身内の話に移ります。「新車購入のため、二人で近所の販売店へ行きました。値切り交渉をしました。車のことをよく知らない身内が突然〝この車にはエンジンブレーキはついているか〟と聞きました。店員は驚いた顔をしましたがすぐに〝つ、ついています〟と言いました。客に恥をかかせてはいけないという〝思いやり〟がそこに見えました。知らない人は知っている人から見ると、恐ろしいほど知らないということを知りました」。

運転経験のある人たちの集まりですから、大笑いになりました。

そこで運転はできるが、車の装備に無頓着な知り合いの話を披露しました。「給油するために立ち寄ったガソリンスタンドで、店員から〝コック（ガソリンの給油口）をあけて下さい〟といわれたそうです。どれを引けばよいか迷ったので、適当にやったら座っていたシートが倒れ、知り合いは寝てしまったそうです。店員は見て見ぬふりをしてくれたとか」。この話も笑ってくれます。

そこで私ごとにふれます。「私にも暗い過去があります。先日、通帳に残高記入をすると、知らない人からの振り込みがありました。女性です。とし子と書いてありました。金額はわずか数円です。オレオレ詐欺でしょうか。名前はこれです」。としこ（利子）と書いた紙を見せます。すぐに利子（りし）の意味だとわかり安堵の雰囲気が広がります。一般に通帳には〝利息〟と記してありますが、この場で気付く人はいませんから、この説明は成立します。

ふるさとの話

観客は地元の人ばかりのはずですが、確認をします。「みなさんは全員、このA市にお住いですか?」。〝そうです〟という返事があったら続けます。「私はB市から来ました。じゃあ、私だけが外来種ですね」。〝そんな言い方するかね〟という疑問に対しては「病院でも外来患者と言いますよね」と述べると、妙に納得してくれました。さらに言います。

「A市は本県の中でも、便利でにぎやかな市ですね。私の親の郷里は××村です。すごい田舎です。文化がなかなか届きません。高齢者のなかには、東京のことをまだ江戸という人がいるくらいです」。うなずく人がいるのは意外です。信じているようです。

さらにエピソードを紹介します。「村から上京した高齢者が、初めてホテルに泊まりました。風呂場に入ったら、電話の受話器が設置してありました。受話器を取って〝もしもし〟と言いました。返事はなかったが、都会の宿はすごいと思ったそうです。それがシャワーの蛇口だと判ったのは、後日ホテルから連絡があり、その時に受話器のことを聞いてみたからでした。電話は、〝風呂のビニルカーテンがちぎられて、お湯につけてあった〟ことへのクレームでした。〝カーテンを引き、風呂の内側へ入れてください〟との説明書きを間違って解釈した結果でした（実話です）」。

演技を続けます。「手品の影響でしょうか。手品を始めてから、ある変化が起きました」と私が言ったので、技の説明をするかと思ったら「約三〇年で身長が二センチ縮みました」というと、整合性のない話に失笑が起きました。

人生経験が豊富なみなさんです。人間関係も複雑です。それに呼応する話をします。「皆さんくらいの年齢になると、人間関係が深いので、頼まれたらなかなか断れないことが、多いですね。私もそういう年齢に近くなってきました。新年会や忘年会に誘われたら、断れない立場になりました」。〝好きで行くのじゃないか〟という、当然の声が出ます。放っといて先へ進みます。

英語をまぜて

会場内の自販機で茶を売っていたら、これを使った錯覚手品をします。「では今からヘイティ（Ｈｅｙ！　Ｔｅａ）を使います」。観客にはなんのことかわからないので、私の動きを注視しています。

「ヘイティは？　ヘイティどこ？　あっ、ケースの隅っこにありました。すみません。英語で言ってしまいました」と詫びて、日本語で商品名を言います。ここには商品名は記しませんが、〝おーい……〟という名の、よく売れているお茶です。それを聞いて三〇秒ほど笑いつづけた方がいました。

これが意外とウケたら「英語で言ったために、一瞬怖い思いをすることがあったそうです」と語り、航空機内で親が息子のジャック君を「ハイ！　ジャック！　と呼んだそうです」と完全な作り話を披露します。

その後、茶の容器に静電気を発生させて、手に引っつける手品を見てもらいました。元気な高齢者は、よくしゃべります。とても良いことです。手品を見てタネを自由に論じています。そこで言います。「みなさんが同時に言っているので、よく判りません。そういえば、聖徳太子という人がいましたね」。私が歴史上の人物名を出したので、こちらへ向いてくれました。紙幣に描かれていたことがあるので、お金の話と思った人が多かったようです。集中してくれたので続けます。「聖徳太子は一度に一〇人の話を聞いたことがあるそうですね。私も似た体験をしたことがあります。一日に一〇人と話をしたことがあります」。

多くの人には、私の言っていることが判らないという感じになっています。さらに言います。「聖徳太子はお札に描かれたことがありましたね。現在の一万円札には、誰が描かれているでしょうか」。〝福沢諭吉〟という声があちこちから上がります。

「そうでしたね。諭吉さんです。この人が言った有名な言葉がありましたが、ご存知だと思います。そうです。〝上には上がある〟です」。

なんか違うようだと思っている人は一生懸命考えています。そして〝天は人の上に……〟を言ってくれます。誰も言わなかったらそのままにして、先へ進みます。

「諭吉さんをたくさん持っている方はうらやましいですね。おられますか」。冗談で手を上げる人もいます。「羨ましいですね。私の家はとても狭いのです。部屋でラジオ体操をしたら、両手が壁にあたります」。

反応はまずありません。さらに先へ進みます。

お札を使って

「このように、毎日体操をしているので、思った以上に元気です。そのような私を小学生の孫は、健康優良じいと言ってくれます」。ここで拍手が起きたら、「今年最大の拍手を、ありがとうございます」とお札を言います。お札を使った手品に移ります。

千円札を二枚出します。身近な存在であり、毎日のように使ってきたお札ですから、認知症の人にとっても良い刺激になり、見つめる目が真剣になりました。

この段階で、本物のお札の威力が効いています。お札には仕掛けなどないという思い込みも加わります。外見はそのように見えます。

観客にどちらか一枚を指さしてもらいます。一枚を選んでもらった際に、それが私のほしい千円札なら「ありがとうございます」と言って私が受けとります。ほしくない（仕掛けがない）方の千円札が指さされたら「ではどうぞ」といって、観客に渡します。

つまりどちらの千円札を指さしてもらっても、ほしい方を必ず私がもらえることになります。そのため「どちらがほしいですか」という聞き方はしません。

野口英世が描かれた本物の千円札が一枚、観客の手に渡りました。仕掛けがないものです。私が持っている千円札も仕掛けがないと、会場内の人は思っています。外見上、観客の自由意思で二択の千円札の一枚を選んだ形ですから。水平にした私の手の平に乗せた千円札が、一〇センチほど浮き上がる手品をじっくり見てもらうことになります。

認知症の方にとって、紙幣による刺激は一定あるようで、一〇〇円ショップで買った百万円札を配ります。これで一枚の紙幣が二枚に見える折り方をお教えすると、かなりの関心を持ってくれます。

透視と念力

たくさんの方に見てもらえるものとしては、大型のさいころを使った〝透視術〟があります。

縦横が一五センチある箱に、少し小さいサイズのさいころを、アシスタントに入れてもらいます。上に向いている数字を、アシスタントが観客に見せます。それに蓋をした状態で私が箱を透視して、さいの目を当てます。その時に気合いを入れます。箱に向かって両手を伸ばし、ミスターマリックが言う言葉を叫びます。「ハズバンドー！」。

観客はなんのことか判りません。そこで「すみません。言葉の響きが似ているので、まちがえました。ハンドパワー！」。

さいころにふたをした状態

手作りの箱とサイコロを使い、ふたをした状態でサイコロの目をあてます。透視術手品です。すごいという声が起きた後に、何度も失敗した練習風景を披露すると、タネもわかり笑いと拍手が起きました。

これでハズバンド（夫）の意味がわかり、特に女性が笑います。

私は不正をしているので、何回やってもさいの目は当たります。

タネあかしをする時に、例え話として車の運転の話をします。ドライバー経験がある皆さんですから、タネあかしの説明としては理解がしやすいようです。何度も失敗をした手品の練習風景を再現すると、笑いが起きます。「頑張って！」と言ってくれる人もいます。それには「今の励ましで、新陳代謝が活発になり、肌年齢が若返ったような気がします」と応じます。

「私のレベルは皆さんと同じです。少し早く練習を始めただけです」と言いますと、やってみようという方が現れます。演技終了後に、観客同士で手品を見せあうことも、起きます。笑っている人が多かったら「みなさん、悩みはないのですか？　私は今日の手品が、うまくできるだろうかと気になって、夜しか眠れませんでした」。これでまた笑顔が見られます。

「手品の練習をしているうちに、念力が使えるようになりました」。こう言うと、今までふしぎな現象を見てもらってきたので、この言葉に疑いを持つ人は少なくなります。

木の枝からそれぞれぶら下げた赤・白・青三個の洗濯バサミを、希望通りにどれでも動かすのですが、開始前に言います。「この部屋には空気の流れが起きているようです。流れで偶然、動いたと思われるのはイヤなので、その主な原因になっている皆さんの呼吸を、三分間だけ止めてもらえますか」。

「それはきつい」とか、「呼吸が、もどらないかも」と、高齢者としては、もっとも反応が出ます。笑いとともに会場がざわつきます。

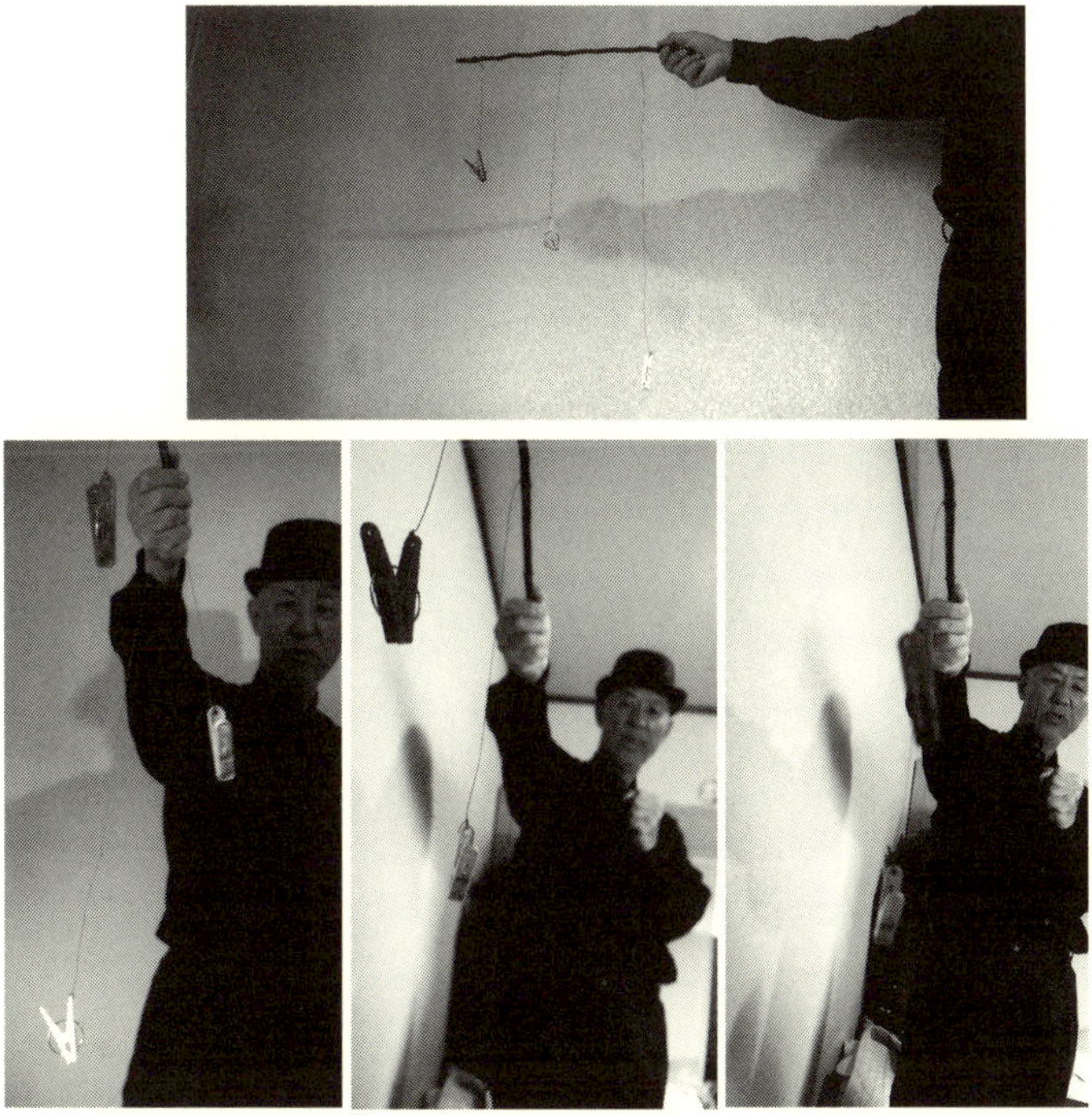

念力で洗濯バサミを動かす。ふだん声を出さない92歳の女性が「赤！」と言って、会場が盛り上がった手品です。中学理科の知識があれば、どなたでも動かせますが、目の前でみると不思議現象です。前置きや小枝の説明は、本文中にあります。

そこで、「わかりました。みなさんには酷なお願いでした。できるだけ静かに、腹式呼吸をお願いします」と告げます。

会場が落ち着いたところで、洗濯バサミの色を選んでもらいます。ふだん声を出さない認知症の方（職員の話）が、「赤！」と言ったりして、手品に感情移入してくれているのがわかります。木の枝は、我が家の西方にある山に登った時に、拾って来ました。裏山でも拾えますが、たまたま遠方に行った時に見つけたものでした。

このことを言ったら〝西の山から持ってきたことに、意味があるのか〟という質問が出ました。

まさか枝の出処を問われるとは思っていませんでしたが、意味付けがいると思って、口から出まかせを言いました。もともと私の手品自体、あやしげなものですから。「西方にはインドがありますよね。かつて三蔵法師は孫悟空たちとインドの西方、今のアフガニスタンとパキスタンあたりにあるガンダーラをめざしました。ここは愛と神秘の国といわれていました。ですから、西へ近づくほど小枝にもパワーが、より備わるのだそうです」。これで納得してくれました。

ゴダイゴというグループが歌ったガンダーラを思い出したので、根拠のない話を全体の場でしました。学校で地理を担当していたので、地図が判ることも幸いしました。聞かれたのは、この一回だけでしたが、今後聞かれなくても、このいい加減な話をすることにしました。

四字熟語

登山にふれたので、一時期私の体重が標準値をかなり超えていたことを紹介しました。「この時期の私は、時おり四字熟語で呼ばれていました。それは炭・水・化・物です」。糖分の取り過ぎに注意している観客です。自らの問題と考え、うなずいてくれました。四字熟語に関心がいったら、関連した話題につなげます。「意外に思うかもしれませんが、我が家でまともに四字熟語ができるのは、私だけです」。〝へえーっ？〟という驚きの声が出ます。四字熟語ができなくても問題はないのですが、〝炭水化物〟で、なんらかのイメージが芽生えましたから、私の次の発言に集中しています。

「五年前の夏、本を読んでいた私は眠たくなり、ソファーでうつらうつらしていました。母子が戻ってきました。

私を見て母が言いました。〝そんなところに寝ていたら風邪ひくよ。自画自賛よ〟。子が言いました。〝母さん、言い方が間違っているよ。それを言うなら自暴自棄よ〟。寝かけていた私は起きて、〝自業自得と言いたいのか〟と言いました。ちゃんとした四字熟語を言わないと、人の安眠を妨げる場合があるのです」と締めくくりました（実話です）。「このようなことが起こるのは、私に威厳がないからですが、元々なかったので、失ったわけではありません」との事情説明に、納得してくれました。

知り合いになる

演技時間がかなり保障されていたら、長距離旅行で、面識のない人と会話ができる方法を一緒に考えます。

新幹線の二人掛け指定席のイラストを掲げます。

車掌が回ってきた時の〝切符拝見〟で、隣の人は広島から東京までの約四時間、私と一緒だと判りました。知らん顔をすることもできます。自然に会話する方法を考えてもらいます。

気さくな隣人なら会話はすんなりいきます。異性や自分の世界に閉じこもる若者なら、むずかしい。手品をしていると、話術が使えるかもしれません。でも手品に関心がない人に突然トランプを見せたら、違和感や恐怖心を持たれるかもしれません。まして隣の席はまったくの他人という設定です。

突然話しかけたら、怪しまれます。手品披露で初対面になるアシスタントが、私と自然に距離を縮めてくれる方法が、この時役に立ちました。

効果的なやり方は複数あります。完璧な正解はありませんので、独創的な意見を出してもらいます。

何時間も乗る国際線の飛行機でも、同様に使える方法です。TBSテレビの人気番組「人間観察モニタリング」では、公道上で類似の方法が使われていました。乗りものでその方法を実行した結果、隣の客に私の個人的な話までできて、私が持っているお菓子も食べてもらい、目的地まで楽しく過ごすことができました。

手品を始めてから区切りの良い時間になった時には、次のように言います。「午後二時になりました。ニュースと天気予報の時間ですが、このまま手品を続けたいと思います」。テレビやラジオではよく聞くフレーズです。「〇〇の時間ですが、このまま野球中継を続けたいと思います」などの言い回しです。会場の時計を見て私が言うので、何らかの意味があるのかもと、早とちりする人がいて、そのギャップが笑える言い回しです。

観客との間に、垣根がなくなったと感じることがあります。主催者がとても上手に雰囲気をつくってくれて、観客も主催者と信頼関係がある場合です。このような時には、少し鼻につくようなことを言っても、観客は受け入れてくれます。そこで問いかけます。「皆さん。私のことを知っていた方はおられますか。私は地域では少しは知られた人間なのです。私の自宅から三〇メートル以内に住んでいる人は、みんな私のことを知っています」。〝自慢話かよ！〟と思って聞いていた人たちは、終わりまで聞いた段階で、町内会の話だということが判り、鼻で笑うことになります。

反応があったら自宅に関する情報提供をします。「私の家は比較的便利なところにあります。バスの終点から、全力疾走で一〇分ほどです」。一〇〇メートルを二〇秒で走ったとしても、三キロメートルの距離です。観客には一〇分のことしか頭に入らないので、リアクションはまずありません。先へ行きます。

手品にかなりの興味を持ってくれたと感じたら、文字や数字が書かれた紙を見せながら、トランプの説明をします。一年三六五日や五二週、春夏秋冬、赤と黒のカード、ジョーカーについての話は、関心を持って聞いてくれます。カードに意味があると思ってくれましたから、これ以降の演技には、より法則的なものを感じてくれます。

青年と演技

介護施設での演技で、背の高い青年が助手になってくれました。身長があることを褒められて、嬉しくない男性はいません。初対面のあいさつでは、次のように言うことにしています。「背が高いですね。私は一九〇センチありますから、○○さんは二メートルを越えているんじゃないですか？」。

青年は「そんなにない」と否定します。そこで続けます。「今、否定したので、私が一六〇センチしかないことが、ばれてしまったじゃないですか」。立って演じている私を見れば、背が低いことは観客には最初から判っています。会場からは軽い笑いが起きて、場がなごみます。自虐的なセリフは、親近感を持ってもらえることが多いようです。

私の背が低いことを明らかにしたので、〝申し訳ない〟という態度を、青年が見せることがあります。それを感じたら、青年に向かって言います。「心配いらないです。今のところはオンエアーしません。編集でカットしますから」。

テレビでバラエティ番組をよく見る人には、これはおなじみの言葉です。私の手品は録画して放送するはずがないのですが、この言葉にホッとする人がいます。

この青年にはイスに座ってもらいます。新しいイスと古いイスがあれば、まず古いイスを勧めます。座ったところで言います。「安定がわるそうですね。イスに聞いてみます。あぁ、イスが言っています。あなたのお掛けになったイスは、現在使われておりません。もう一度お調べの上、お掛け直しください」。どこかで聞いたようなセリフに青年が笑っています。「もう一つのイスは大丈夫のようです」。そこで〝大丈夫イス〟に座り直してもらいます。

催眠術

さっそく「あなたは一人では、立ち上がれなくなります」という、おなじみの催眠術を始めます。別の介護施設で職員に演じたら、気を利かして催眠術にかかった振りをしてくれて、しばらく座ったままでした。これでも観客は沸いてくれましたが、協力をしてくれる職員の動きは、時には痛しかゆしのことがあります。

「私の身長で、一番高い状態になることがあります。会議の場では、頭が一番高い位置になりました。胴長ということです。あなたは胴が長いですかと聞かれて、英語で答えると次のようになります。〝イエス　アイドー〟」。授業ではウケていた話ですが、ダジャレになるので、観客の反応はいまいちです。

自虐的な話だけでは限界が来ます。そこで青年に「カッコいいからモテるでしょうね。これはひとごとではありません」と、なにげなく私自身を評価する言い方をしておきます。気付いた人は、苦笑しています。

縦じまのハンカチが横じまになる手品は、マギー司郎さんの持ちネタです。私も使わせてもらっています。「マギー司郎さんがやっている手品をご覧いただきます。幼ななじみのものです」。〝何を言っているのかわからん〟という会場の反応です。「間違えました。幼ななじみではなく、おなじみの、でした。噛んでしまいました」。ハンドパワーで一度言い間違えていますから、観客は聞き逃してくれました。

体温とカード

次に、袋に入ったカード十数枚を使う手品に移ります。デパートでもらった袋に仕掛けがないことを、助手に確認してもらいます。「手品の練習をした結果、指先が敏感になりました。〇・〇二度の温度差が判るようになりました」と、告げます。

助手の体温を聞きます。三六度だったら「私も三六度です。二人の体温の合計は、七二度ですね。すみません。意味のない足し算をしました」と詫びます。「この手品は、体温の高い方にお願いしたいのです。カード一枚を温めてもらい、残りのカードたちとの温度差を指で感じて当てるものです。皆さん（高齢者）の中に、インフルエンザ感染中、または風邪で四〇数度の熱を維持している方は、いませんか」。

そんな人は、この場にはおれません。それを承知で言うので、笑いが起きます。結局、助手にお願いすることになります。

信憑性をますため、「熱い夏は温度差がはっきりしないので、この手品はうまくいかないのです」と言い、春秋冬限定手品を、もったいぶっておこないます。

実際に体温が低い人でおこなってもらった時は、わざとはずしました。「三五度しかないから、当てられなくてもしょうがないね」と、周りの職員が低熱職員を慰めていました。これがかえって温度差手品に信憑性を持たせました。失敗したときは、弁解をします。

「我が家では犬のロンを飼っています。犬は体温が高いです。ロンに手伝ってもらった結果、真夏でも当てることができました」。体温に気を取られている観客から、肯定的な声が漏れます。犬と手品をするはずがないという常識的発想に思いを致す人は、まずいません。後日、この会場でふたたび演じた時には、やや高体温の方とおこない、成功させました。

手品終了時には、最初に配っていたティッシュを、出してもらいます。秘密の粉をかけて消したティッシュで、原形を留めているものを使います。ちぎってしまっている人には、新しいものを差し上げます。

「みなさん。生でお送りしてきた手品は、これで最後です。右手でこのようにティッシュの端をつまんでください」。私は左手の親指と人差し指で、先端をつまみます。観客から見たら右手につまんだ形になります。観客から見てわかるように、右と左を逆に言います。ティッシュは、垂れさがっています。先端より下を持っている観客には、「もう少し上をつまんでください」と言います。そしてその中の何人かには「持ち方がとてもきれいです」と言います。「みなさん。とてもきれいな持ち方になりました。ではこれを左右に振ってください。では右から左へゆっくりと。右、左……。○○さん、

□□さん、とてもきれいです」。
観客は最後の手品が始まると思っています。振りがそろったところで言います。「これで手品は終わりです。みなさん、さようなら」。ティッシュを振りながら、出口のほうへ小走りで行きます。笑いが起きます。出口近くで「お見送りありがとう！」と絶叫します。拍手が起きて、公演は終了になります。

手品でティッシュを使わない時もあります。その時は、太ももの内側をポンッと手で叩き、笑顔で「またね（股ね）」といって手を振ります。観客に一緒にやってもらうこともあります。座っている人は、おおむね膝を叩きますが、喜んでやってくれます。

終了後に、謝礼をもらうことがあります。会費の中からの拠出です。主催者が私にお礼の言葉を述べ、金一封を渡してくれます。両手で受け取ったものを、頭の位置まで上げた後、感謝の気持ちを言います。「ありがとうございます。私は父親ゆずりの現金好きです。ありがたくいただきます。富の一極集中にならないように、手品の材料を買いたいと思います」。この言葉に、また拍手が起きます。

寺社で

寺社での演技もありました。お寺の場合、由緒ある建物の本堂で演ずることが多い。せっかくの場所ですから、その寺院の歴史を事前学習して行きます。

シンボルカラーがある色だと知ったので、その色に染めた輪を二つつくりました。シルクハットには、この色の細い帯を巻いておきました。檀家さんたちへの公演参加要請チラシの中にあったシルクハットの図柄にも、ある色の帯が巻かれていました。これも手品演技に取り入れました。お寺の歴史に触れた話も盛り込みました。それとあわせて、笑ってもらうことが第一ですから「長い歴史が見える造りですね。大化の改新に関わったといっても良いくらいの、風格を感じます。

大化の改新といえば中大兄皇子（なかのおおえのおうじ）や蘇我入鹿（そがのいるか）などが、歴史の本に出ていますが、この時代の人たちは、苗字と名前のあいだに〝の〟が入るんですね。平清盛や源頼朝もそうですね。〝の〟が入ると歴史上の人物という感じがします。たとえばふじわらのみちなが（藤原道長）や、ふじわらののりか（藤原紀香）など……」。誰も笑わなくても、話を先へ進めます。

手品を再開します。途中で気づいて笑いながら隣席に伝える人がいますが、判った瞬間の反応を見るのはおもしろいものです。最後の演技になったら「これで終わりです。気を確かに持ってご覧ください」と、気持ちが継続するように激励をします。

結婚披露宴

めでたい場所での手品も、披露してきました。忘年会・新年会の会場や同窓会、結婚披露宴がその場です。披露宴では新郎に助手になってもらうようにしました。新郎新婦に見立てた二つの輪が、ハサミでカットしたら大きい一輪になり、一心同体の二人を祝福するものや、新郎がロープにくくりつけた鮮やか色のハンカチが、新婦に見立てたもう一方のロープに飛び移る手品をおこなったりしました。

ハサミで〝切る〟という言葉は、〝二人の関係が切れる〟につながるため、めでたい場ではハサミを〝入れる〟か〝カット〟と言いかえるようです。〝最後〟を〝お開き〟というのとあわせ、私にとって、もっとも緊張するのが、披露宴会場での演技です。言葉を選びながら、同時に楽しんでもらうために、リハーサルを繰り返すことになります。

祝辞を述べ、会場を盛りたてるコメントを続けながらの手品です。出席者は、正月の寄席を聞くような気分になってくれたようです。ある披露宴で、二人で演じた手品のお礼状が後日、新郎新婦から届きました。「シルクハットをかぶったお二人が颯爽と登場しただけで、会場の雰囲気が盛り上がり、一生の思い出になりました」としたためてありました。

あとがき

どのような手品演技をしたのかは、あまり書かず、演技を見た人が楽しんだり、笑ってくれるための話を中心に据えました。その点でも、多く出ているマジック本とは異なる内容になったと思います。

この本は会話や会場の雰囲気のほうに、多くの紙面を割いています。とりわけ高齢者や介護施設の方々に楽しんでもらえるものにしたい。そのためのセリフをたくさん用意して、笑ってもらいたいと思って演じてきました。

一公演ですべてのセリフを言うことはできません。今まで演じた内容を繋いでみると、本書にあるようなセリフを言ってきたということになります。そのため、公演前には、毎回シナリオを書きます。対象によって話と演目を変えますから、同じ台本はありません。当日の状況で、演目とセリフを変えることもありますから、笑ってもらうためのフレーズ約一八〇種も、すべて頭の中に入れました。アドリブもありますが、それは会場とのやりとりがあった時に言うことになります。電池・消しゴム・小箱・はさみ・ボールペンのキャップなどでも、手品をおこなってきました。小学生が入手できるものばかりです。学校での演技ではこれら小ものが、効果を発揮しました。

ある団体によばれた時、私を紹介した知り合いの主催者が、冗談で「ジミー重岡さんは、学校で授業をやらずに、手品ばかり見せていた」と言いました。私はすぐ「知らん人が聞いたら、本当かと思う」と返しました。否定も肯定もしない発言に、観客は笑っ

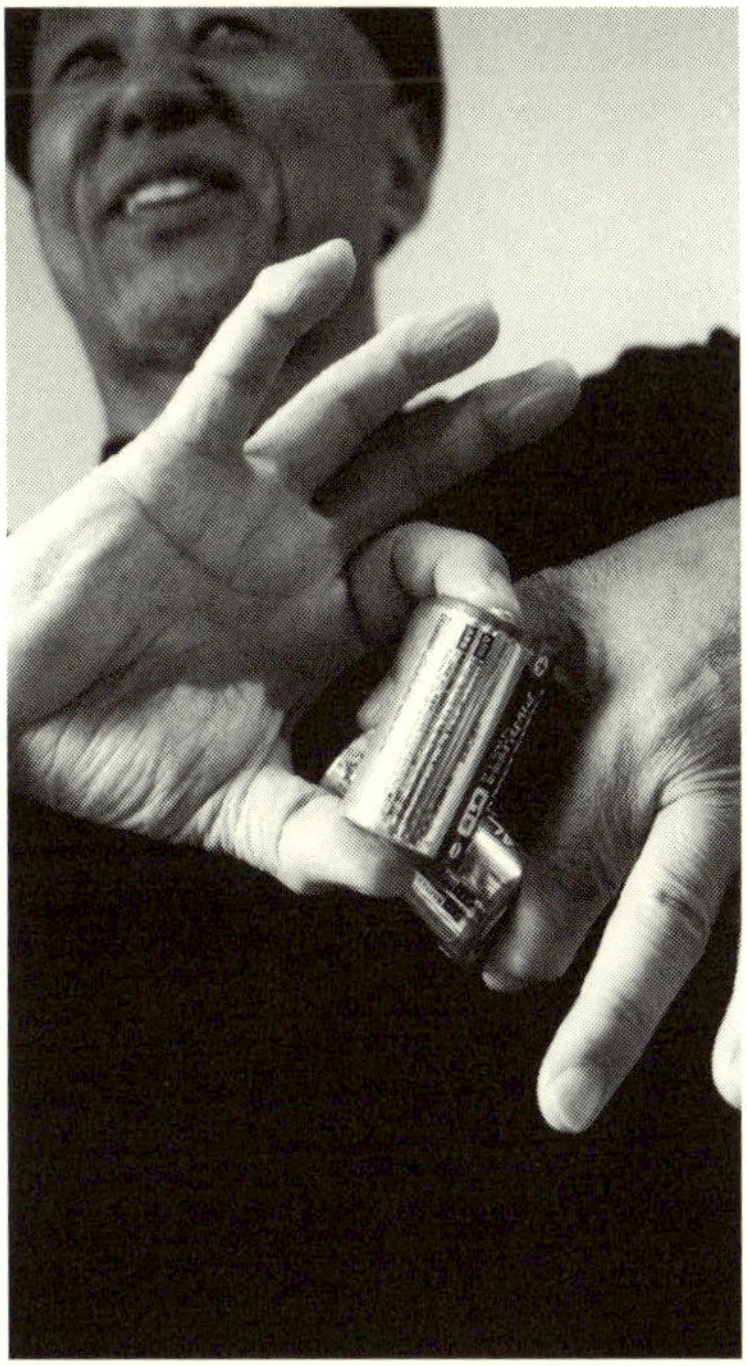

単一電池（単２・単３・コルクでも可）を親指と人差指のつけ根で挟み、手首をひねって左右の親指と人差指で取る

ていました。

この本に記したフレーズのいくつかは、本やテレビ、日常会話の中で使用されていたものです。その中から笑ってもらえると思うものをメモして、手品披露の際に挿入してきました。どこかで聞いたことがある言葉があったら、それが理由です。

たとえば「笑いあり、感動なしの手品」という言葉を前置きでよく使ってきましたが、それは公開予定の映画について出演俳優が「笑いあり、感動なしの映画」と紹介した言葉を拝借させてもらいました。このような機転の効いた言葉を発した方々に、感謝したいと思います。

二〇歳代後半に、大衆団体の事務局長を頼まれました。断りました。「あなたがやらないと活動が成立しない」といわれました。外堀が埋められ、最終的には引き受けさせられました。

その後四〇歳代の終わりまでに、一番多い時には会長・委員長・事務局長・書記長・理事長を計六つ、同時進行で務めたことがあります。私が進んで役職に就いたのは、自らがつくった学童保育保護者会長だけでした。

学ぶことは多かったけれど、家庭を犠牲にしました。つらい時期でした。断ればよいと思います。しかし〝うつになる〟くらいなら、〝自殺する〟くらいなら仕事を辞めたらよいといわれても、簡単にやめられず発症するのと同様、当時は拒否できる環境にありませんでした。時間にゆとりができてからは、様々な分野の方々と交流が持てた過去が今は財産になっていると感じます。

私は〝手品師〟と書いた名刺を持っています。マジシャンには、巧妙な手さばきで不思議を演出するという、ハイカラなイメージがあります。手品師には〝人をまどわす〟という響きを含むように思います。テレビに出る有名人の中で三名（多分）を除いて、多くの方はマジシャンと称しています。私はマジシャンというイメージではないので、手品師と名乗ってきました。

手品師と名乗ったら、プラスになる点があります。高齢者は私に対して、しきいが低くなっているように感じるのです。肌感覚です。一般に使われているマジックという言葉を和訳すると、大規模なものが魔術、中規模を奇術、一番小さいものを手品というようです。手品という言葉が身近に感じられるのも、こういう点にありそうです。

この本を読んで笑ってもらえたら、書いた甲斐があったということになります。介護施設や教育施設を訪問する人が、多く出てきてほしいと思います。この本に記した手品を知りたいと思ったら、最寄りの公立図書館の「芸術」（日本十進分類法で分類七の七七九番にあります）にあるマジック本を参照して下さい。

四〇年ほど前に一世を風靡したアイドル歌手が、最近の一〇年間はボランティアとして、全国の老人ホーム一千箇所以上を回り、美声を響かせています。アマチュア落語家たちが、仕事と両立させながら公民館等で無料の寄席を開いています。人形を操り、認知症対応の出前講座を二〇〇回以上おこなっている訪問看護ステーションの所長たちがいます。

せつな的な笑いがテレビから流れてくる今の時代に、〝ふれあい〟というキーワードで施設を回る人たちの価値は、より高まるものと思われます。

本書の出版に際しては花伝社の平田勝社長、拙文を読むに耐えうるよう校正いただいた編集部の水野宏信氏、手品披露に関し忌憚のない意見を述べて、多くのアイデアと技術を提供してくれた盟友、岩本隆雄・岩井正登の御二人、本文中のカット写真撮影を担当したＵＣＯ。どなたが欠けてもこの本は出版できませんでした。記して謝意を表したいと思います。

（参考にしたもの）国内外のプロマジシャンの本（約一四〇冊）、落語・漫才の本（数十冊）、人を引き付ける話術の本（数冊）、認知症に関する本（数冊）、テレビ・インターネットでのマジックショー、手品（奇術）サークル・個人の公演

ジミー重岡（じみー・しげおか）

1947年生まれ。父親（法務省勤務）の転勤で北海道帯広市から鹿児島県奄美市（旧名瀬市）まで10回（幼児期3回、小学校4回、中学校3回）の引越。小学校5年時に6歳上の兄からもらった地図帳にのめり込み、学校か教科書出版社で地理学に関わりたいと思うようになる。中学3年時、英語担当の高槻先生に強い影響を受け教職をめざす。地元国立大学で地理学を専攻。中学・高校で39年間社会科を担当（主に地理・現代社会）。

保育園保護者会会長、小学校区学童保育（留守家庭子ども会）保護者会会長、病児保育室共済会会長、マンション管理組合理事長、教職員組合委員長、民間団体の事務局長・書記長などを歴任。広島市在住。

趣味は政令市・中核市めぐり、将棋、自転車修理、長距離歩き。

メールアドレス shunkun28@yahoo.co.jp

笑いの手品師――老人ホームが笑顔でつつまれた手品実践記

2017年11月25日　初版第1刷発行

著者 ――ジミー重岡
発行者 ――平田　勝
発行 ――花伝社
発売 ――共栄書房
〒101-0065　東京都千代田区西神田2-5-11出版輸送ビル2F
電話　03-3263-3813
FAX　03-3239-8272
E-mail　kadensha@muf.biglobe.ne.jp
URL　http://kadensha.net
振替 ――00140-6-59661
装幀 ――黒瀬章夫
印刷・製本―中央精版印刷株式会社

ISBN 978-4-7634-0835-8　C0076